수영이 나에게

수영이 나에게

김찬희 지음

mons 몬스북

인생은 짧고 수영은 길다

차례

수영, 좋아하세요?	5	수영장 냄새	78
부유하는 실뭉치	10	핀 데이	83
물은 정직하다	14	여전히 설다	87
배영을 하겠습니다	18	못해도 괜찮아	91
소년은 쉽게 늙는다	22	사소한 일탈	95
타인과의 거리	25	중력이 없다면	98
인생 역전, 인생 여전	31	아슬아슬한 세상	102
가만히 떠 있기	35	낡은 수영복	107
개구리와 올챙이	39	인생은 짧고 수영은 길다	111
세상에서 가장 먼 25m	44	계속하는 이유	115
레인과 순번의 비밀	49	풍경	120
경계선	54	화려하지만 자연스럽게	124
일단 긍정	58	장비 욕심	128
골목길	62	마스크	132
음~~파~	66	스컬링	136
맥주병 올빼미	69	일주일을 다린다	141
스위머스 하이	73	쉼표에서 느낌표로	144

수영, 좋아하세요?

오전 5시 10분, 휴대전화 알람이 운다. 감정 없는 기계는 한 치 물러남 없이 새벽을 깨운다. 월요일부터 금요일까지. 물먹은 솜처럼 무거운 몸을 겨우 일으킨다. 베란다 빨래 건조대 앞에 섰다. 보라색 삼각? 검은 바탕에 형형색색 꽃무늬 쇼트 사각? 아무도 쳐다보지 않지만, 컨디션이 별로이니 쇼트 사각으로.

한 손에 수경, 한 손에 휴대전화를 든 채 화장실로 향한다. 수경에 안티포그(김 서림 방지액)를 바르고 볼일을 본다. 습관은 무섭다. 변기에 앉아 휴대전화 애플리케이션을 열고 주요 조간신문의 1면과 뉴스를 살핀다.

수영장까지 걸어가는 15분가량은 잠에서 막 건져낸, 날것 그대로인 나를 만나는 시간. 큰길을 건너 성당 앞을 지나칠 때쯤이면 반 이상 감겼던 눈이 떠지고, 생각들이 꼬리에 꼬리를 물고 떠올랐다가 가라앉는다.

'왜 그런 말을 했을까. 그렇게 행동할 건 아니었는데. 그건 잘한 일인 거 같네.'

스스로를 칭찬하기도 혼내기도 하면서 잠들기 전에 들었던 노래를 흥얼거리기도 한다.

새벽길이 가장 즐거운 시절은 단연코 봄이다. 쉬이 발을 빼지 않는 어둠과 슬금슬금 몸을 키우는 아침 빛이 만드는 어스름의 경계 어딘가에서 향긋한 풀냄새가 공기를 가득 채우면 발걸음이 가볍다. 부슬부슬 비라도 내리면 금상첨화다.

대부분 계절이 나쁘지 않지만, 여름은 알쏭달쏭하다. 새벽의 서늘한 기운은 찰나의 입맞춤을 남기고 강렬한 햇살에 자리를 내준다. 어설프게 솟는 땀은 늘 어정쩡한 내 모습 같아 싫다. 장마철엔 걷는 게 꼭 수영이다.

강습 시작이 오전 6시(준비 운동 시간 10분 포함)인데도 5시 10분에 알람을 맞춘 건 침대에서 뭉그적거리고 주섬주섬 장비 챙기는 시차를 고려해서다. 한창 수영을 좋아했을 땐 10분 만에 뚝딱 나섰고, 스트레칭부터 마무리 운동까지 풀코스를 다 채웠다. 이젠 게을러져 10분 지각 입수에 마무리 운동을 빼먹기도 한다. 업무나 과음을 핑계로 알람을 끄고 그대로 누워버리기도.

수영을 배운 지 얼마 안 됐을 때에는 유튜브 강습 영상을 찾아보고, 길이나 사무실에서 남몰래 동작 연습을 했었다. 배영을 잘하고 싶어 화장실 칸막이에 들어가 발차기, 팔동작을 몰래 해보기도 했다.

아쉽게도, 익숙해짐과 능숙함은 등호가 아니다. 절정은 잠깐 스쳤고, 그 뒤로 뒷걸음질한다는 자책이 찾아왔다. 수영장 레인 모임(같은 레인에서 같은 시간대에 강습받는 사람들이 모여서 일종의 회식을 가끔 한다)에서 누군가 얘기했다.

"갈수록 실력은 퇴보하고 속도는 느려질 거야. 그만큼 나이를 먹고 익숙해지니."

"익숙해지면 잘해야 하는 거 아냐?"

"사는 게 익숙해졌다고 잘 살아져?"

쓰잘머리 없는 욕심은 차오르는 숨, 확 줄어든 거리, 엉키는 동작으로 얼굴을 내밀었다. 마음은 마이클 펠프스나 황선우인데, 현실은 철퍼덕. 괜찮다, 어차피 내게 수영은 취미니까.

하지만 위로도 한두 번이지. 만사 심드렁해졌다. 10년 넘게 수영했는데 왜 이 모양일까. 자책이 강박으로 추락한 어느 날, 유아용 풀로 직행했다. 코로나19 팬데믹으로 사람이 줄었으니, 얼마나 눈에 잘 띄었겠나.

"회원님, 왜 그리로 가세요. 거기 완전 초보반인데."

어리둥절한 코치, 멀뚱히 쳐다보는 초급반 사람들.

머리를 집어넣고 숨을 참은 채 몸을 길게 늘였다. 아무 동작도 하지 않고 떠 있었다. 물은 고요했고, 나도 고요했다. 피부를 간질이는 물의 결들, 손끝에 닿는 질감, 웅웅대는 소리. 이런 기분이었지. 처음 수영장 물에 들어왔을 때 이런 느낌이었지.

"푸하~."

서둘러 우리 레인으로 돌아갔다. 그 느낌, 기분을 놓칠까 봐.

여전히 알람이 울 때마다 일어날지, 그냥 누워 있을지 고민한다. 억지로 끌려가는 것처럼 엘리베이터에 오르기도 한다. 그래도 수영이 좋다. 물에 들어가면 시답잖은 일상이, 후줄근한 내 모습이 '무적의 수영 로봇'으로 변신하는 착각에 빠진다. 우쭐대며 샤워장 거울에 비친 나를 바라보기도 한다.

"수영 좋아하세요?"

"네. 좋아했고, 좋아하고 있고, 앞으로도 좋아할 겁니다."

부유하는 실뭉치

"자유형 200m, 네 번 하겠습니다."

"삑~!"

"고~."

호루라기 소리와 출발을 알리는 고함이 수영장 벽의 타일에 반사되자마자 1번(수영장 레인마다 제일 앞에 선 사람)이 발을 구르며 물에 뛰어든다. 하얀 물거품을 바라보며 한 명씩 물에 몸을 던진다. 200m와 다음번 200m 사이 쉼표를 줄이는 재촉. 가빠진 숨. 수영 11년 차임에도 변함없는 '저질 체력'에 한탄과 감탄이 마구 뒤섞인다.

150m를 돌고 나머지 50m를 가는 중이었다. 눈앞에 까만색 실뭉치가 아른거렸다. 실오라기라고 하기에는 덩치가 있고, 섬유 조각이라기엔 하찮아 보이는 크기. 이런 게 떠다닌다고? 잘못 봤나? 제대로 수질 관리 안 하나? 빤히 쳐다봤다.

레인을 반으로 갈라 이쪽과 저쪽에서 헤엄치며 일어나는 물살에 실뭉치는 갈피를 못 잡고 서성였다. 왼쪽으로 갔다 오른쪽으로 왔다, 가라앉지도 뜨지도 않은 채.

175m를 지나 마지막 25m에서 다시 만났다. 자리만 살짝 옮겼을 뿐 일정한 깊이를 유지하고 있다. 누군가

의 수영복에서 떨어져 나왔나. 새벽 첫 시간대에 물속을 떠도는 걸 보니 방금 떨어져 나왔나.

"이번에는 스트로크 없이 천천히 자유형 발차기로 50m. 고~."

미끄러지듯 글라이딩 자세를 잡고 발을 차는 동안 바로 옆 중급반 2개 레인이 첨벙이는 소리로 떠들썩하다. 핀(오리발)을 착용하는 날이라 그런지 접영을 하면서 옆으로, 뒤로 튀는 물방울이 엄청나다. 수영장 풀의 벽에 부딪쳐 되돌아오는 물살도 거세다.

느린 발차기로 가다 보니 물살에 밀려 자꾸 몸이 레인 한가운데로 간다. 이리 밀렸다, 저리 밀렸다. 난데없이 옆 레인의 누군가 '선'을 넘었다. 팔을 돌리다 내 허벅지에 한 방을 먹인다. 아픔을 느낄 새도 없이 밀리는 몸을 원래 자리로 옮겼다. 마주 보고 수영하는 사람과 부딪칠 뻔.

문득 그 실뭉치 같았다. 이리저리 떠다니는 실뭉치, 이리저리 흔들리는 나.

'우리'가 만났던 지점에서 머리를 좌우로 돌려 찾아봤다. 녀석은 여전히, 씩씩하게 물속을 떠다니고 있다. 가라앉지도 뜨지도 않은 채. 위태로워 보이지만, 유유히 물살에 몸을 맡겼다.

 사소하고 하찮은 너도 우리처럼 꾸준히 부유하고 있구나. 때로는 물살에 밀리고, 때로는 누군가에게 의도치 않게 맞아가면서도 초라한 일상을 버티는구나. 그래, 부유하는 실뭉치를 위해, 사소하고 하찮은 일상을 위해 오늘도 수영.

물은 정직하다

부력이라고 부르면 왠지 어렵게 느껴진다. "공기나 물과 같은 유체 속에 있는 물체가 중력에 반하여 위로 뜨려는 힘"이라는 사전적 설명은 그나마 쉽다. "부력의 크기는 물체가 밀어낸 부피만큼의 유체 무게와 같다."라는 아르키메데스의 원리에 이르면 한 번 더 곱씹게 된다.

이해하든 못 하든, 아르키메데스의 원리는 수영장에서 살아 숨 쉰다. 수영 초급반 시절, 숨쉬기(수영장에서는 이걸 '음파'라고 한다)를 하면서 물에 뜨는 '글라이딩'을 연습할 때였다. 아르키메데스에 따르면 물체와 같은 부피만큼의 물이 흘러넘치거나 수위가 높아지고, 그 물의 무게만큼 물체는 가벼워진다. 초점은 '물체는 가벼워진다'. 어릴 적 물에 빠졌던 기억 때문에 마흔 넘도록 수영은커녕 물놀이 자체를 꺼렸지만, 그 순간만큼은 아르키메데스를 굳게 믿었다.

그러나 물은 정직하고 몸은 냉정했다. 마른 체형이라서 잘 안 뜨나? 몸에 힘이 들어가 안 뜨나? 앞사람은 잘하는데 나는 왜 가라앉기만 할까? 몸에 공기를 가득 채우면 잘 뜰 것 같아 한껏 숨을 들이마시고 참았다. 강사 눈치를 보며 가라앉을 때마다 재빨리 바닥을 차고 올라와 글라이딩 자세를 잡으면서 아닌 척도 했다. 괜히 수영을 시작했나. 이렇게까지 해서 배워야 하나. 자괴감, 비굴함이 몰려왔다.

새벽잠 줄여 오는 수영장인데, 발걸음이 무겁기만 했다. 일주일쯤 됐을까. 오늘도 안 되면 환불해야지 마음먹고 몸을 던졌다. 이게 무슨 조화지? 뭘 한 것도 아닌데, 왜 몸이 물에 뜨지?

이젠 '물을 탄다' '물에 몸을 집어넣는다' 하는 느낌을 알게 됐지만, 그때엔 수영은 결코 나와 친해질 수 없는 관계처럼 느껴졌다. 고백하자면, 수영한 지 10년이 지났어도 여전히 물에 잘 뜨지 않는다. 당연하다. 물은 정직하니까.

겁을 먹으면, 또는 빨리 가려고 힘을 주면 몸은 경직한다. 근육이 많고 공기를 저장하지 못한 하체부터 가라앉고, 힘을 더 넣으면 몸은 꺾쇠 모양이나 일직선이 된다. 머리를 물에 넣어야 물과 몸이 수평을 이룰 수 있다. 부력을 받을 수 있는 부피를 키워야 그만큼 물을 잘 탈 수 있고, 수영이 수월해진다. 주는 만큼 받고, 내어주는 만큼 돌아오는 셈이다.

물처럼 몸도 정직하다. '음'(내뱉기)과 '파'(들이마시기)의 순환을 무시하고, 속도 욕심에 숨을 참기만 하면 길게 못 간다. 초급반 시절엔 25m 헤엄조차 힘들어 중간에 일어서거나, 100m 자유형을 4번 끊어서 하기도 했다. 물에 대한 공포도 있었지만, 내 몸의 냉정함과 물의 정직함을 믿지 못해서일 것이다.

물에 몸을 맡기고, 오직 숨쉬기만을 생각하면 어느새 물살을 타는 나를 발견한다. 욕심을 버리면 속도가 따라온다. 월요일부터 금요일까지, 수영은 매번 다르다. 새벽 수영을 하지만, 물과 몸은 매번 다르다. 몸 상태, 전날에 있었던 일상, 불현듯 찾아오는 속도 욕심 등이 수많은 변화를 만들어내기도 한다. 그래도 물과 몸은 정직하다는 사실은 한결같다. 내어주는 만큼 돌아온다는 걸 인정하면 수영이 즐겁다.

수영장 밖의 일상도 비슷하지 않을까. 부력을 얻으려면 그만큼을 내려놓고 버려야 하는 게 섭리이니. 닳고 해진 일상이지만, 어딘가에 날 편안하게 띄워줄 부력이 있을 거다. 어쩌면 아주 가까이에 있을지도.

배영을 하겠습니다

같은 속도로 같은 거리를 간다면 영법 네 가지(자유형, 배영, 평영, 접영) 가운데 운동량은 접영이 압도적이다. 투입하는 힘에 대비해 최대의 속도를 내는 건 자유형이라고 할 수 있다. 일반적으로 편안한 영법은 배영이거나 평영이다. '일반적'으로 그렇다는 얘기이고, 나에겐 배영이 제일 어렵다. 정면으로 고개를 들거나, 얼굴을 좌우로 돌려서 숨을 쉬는 건 편안한데, 왜 누워서 숨 쉬는 게 어려운지. 배영을 할 때면 알아서 몸이 긴장한다. 긴장하면 더 힘들고, 더 지친다. 200m 갈 힘으로 50m를 겨우 가는 식.

그날도 그랬다. 상쾌한 기분으로 입수해 자유형, 평영으로 워밍업을 끝냈을 때였다.

"한 팔 배영을 하겠습니다. 갈 때 오른팔, 올 때 왼팔 200m. 여섯 세트입니다."

양팔 배영도 거북이 수준인데, 한 팔이라니. 슬그머니 몸을 뺐다. 보통 빠르기 순서에 맞춰 1번, 2번 식으로 서는데 내 자리는 7명 중 네 번째.

"제가 배영이 느려서요."

맨 뒤로 물러나자 3번 아저씨도 따라온다.

"저도 느린 거 아시죠?"

세 번째 세트부터 위기. 한 팔로 물을 잡아 밀고, 그 팔을 머리 위에 쭉 뻗으며 '음파 호흡'을 해야 하는데, 턱에 찬 숨이 박자를 헝클었다. 숨을 잔뜩 들이마시는데 옆 레인에서 '물 폭탄'이 날아들었다.

들이쉴 시점에 물을 먹으면 호흡이 끊기면서 당황하게 된다. 대부분 벌떡 일어나 '캑캑' 가쁜 숨을 내쉰다. '수력 11년' 체면에 그럴 수 없지. 일단 숨을 참았다. 수면에 누운 채로 밭은기침을 하다 보니 발차기는 망가졌고, 팔동작은 실종됐다. 2초가량 고민했다. 그냥 일어설까, 아니야 조금만 참자. 15m 정도 남은 것 같으니.

나름 속도를 내면서 안간힘을 썼는데, 바로 뒤에서 오던 '7번 아저씨' 얼굴이 눈앞에 나타났다. 빙긋 웃으면서 말했다.

"200m 끝났어요."

수영은 즐겁지만, 새벽 수영을 가로막는 장애물도 많다. 모두 내가 만든 거다. 전날 밤의 과음, 늦은 시간까지의 유튜브 보기, 딱 10분만 더 자자, 어제 수영을 불태웠으니 오늘은 휴식, 몸에 바르는 보디오일 떨어졌으니 그냥 쉬자, 비가 많이 오니……. 수많은 핑계 중

단연코 1위는 배영이다. 어제 배영을 많이 해서 피곤하니 쉬자, 이번 주는 배영 자세 교정한다니 쉬엄쉬엄.

장애물을 넘는 방법은 단순하다. 수영복·수모 구입처럼 돈이 좀 드는 게 있지만, 샴푸나 보디워시 바꾸기처럼 작은 변화로도 충분하다. 쓰고 있는 샴푸를 욕실에 두고, 새 샴푸를 꺼내면 된다. 질리면 다시 원래 썼던 샴푸로 돌아가면 그만이다. 장애물은 사소하고, 극복 방법은 더 시시하고 보잘것없다.

나의 시간도 비슷하다. 하루의 칠 할은 사소하고 하찮고 시시하며 지질하다. 이런 시간이 모이고 쌓여 인생이 되나 보다. 태양은 24시간, 365일을 빛나지만 지구라는 바위 행성에 올라탄 우리는 자전과 공전을 거듭하며 낮과 밤을 오간다. 가라앉기도 뜨기도 하며 여행하고 있다. 수영이, 삶이 우리를 기만하는 건 아니다. 지구처럼 우리의 시간은 자전과 공전을 하며 앞으로 나가고 있다. 우스꽝스럽지만 나의 배영도 꾸준히 나름의 물살을 타는 중이다.

소년은 쉽게 늙는다

어릴 때 살던 집은 비 오는 날이면 비릿한 먼지 냄새와 물비린내를 뿜어냈다. 바짝 마른 흙이나 나무에 물기가 스며드는 것처럼, 작지만 또렷하게 '쉬이익' 하는 소리도 났다. 조금 더 커서 알게 됐지만, 한쪽 벽이 속 빈 시멘트 블록으로 지어져서였다.

비 오는 날에는 좁은 골목길을 접한 그 벽 쪽으로 돌아눕기를 좋아했다. 길을 오가는 발걸음들이 만든 물방울 튀는 소리, 하수도로 흘러가는 빗물 소리, 빗살이 벽을 두드리는 소리를 잘게 쪼개 새겨듣곤 했다.

비가 거세게 내리치는 날에는 네 식구가 부엌과 가까운 아랫목에 모여 바싹 붙은 채 잠을 청했다. 지붕에서 샌 물들이 그 아래에 받쳐둔 양동이, 냄비, 휴지통을 통통 울리는 소리를 세었다. 처마에서 떨어진 물줄기가 댓돌에 부딪쳤고, 늘 수돗가를 어슬렁거리던 고양이는 어느새 부뚜막에 올라 야옹 울어댔다. 어느 해인가 태풍이 들이닥친 새벽에 주인집 아저씨와 아버지는 지붕에 덮어놓은 천막을 동여매느라 흠뻑 비를 맞기도 했었다.

비 내리는 날이면 중학교 입학 때까지 살았던 그 집이 떠오른다. 먼지 냄새, 물비린내, '쉬이익' 소리와 함께.

그리고 비 내리는 날이면 수영을 하고 싶어진다. 한때 다녔던 수영장은 한쪽 벽의 위쪽 절반이 유리였다. 배영을 하면서 유리창 너머 비 오는 풍경을 바라봤었다. 비를 맞으며 수영하면 어떤 기분일까.

몇 해 뒤, 동남아시아 출장에서 궁금증을 풀었다. 새벽부터 비가 추적추적 내려서인지 호텔 야외 수영장엔 개미 한 마리 보이지 않았다. 프런트 데스크 직원의 얼굴은 '이런 날씨에 왜?'라고 말했다.

탈의실에서 나오자 '후두둑' 세차게 비가 왔다. 수면에 드러누웠다. 수경과 수영복을 무겁게 때리는 빗줄기, 수면을 통통 울리는 파문, 나뭇잎의 비명과 물비린내……. 비 오는 날이면 코를 박았던 그 벽과 비릿한 시멘트 블록 냄새가 나는 듯했다.

비바람을 맞으며 지붕에 올라 천막을 고정하던 아버지와 그를 걱정스레 바라보던 소년도 떠올랐다. 시간은 빨리 달리고, 소년은 쉽게 늙는구나.

타인과의 거리

출근 지하철을 타고 내리는 25분 남짓은 꿀잠의 창고다. 새벽 수영을 한 데다 아침밥까지 챙겨 먹었기에 노곤함은 절정에 오른다. 재빨리 자리에 앉아 음악을 듣다 보면 저절로 눈이 감기고 거짓말처럼 내릴 역에서 깬다.

꿀잠 미션을 달성하고 얻는 보상은 맑아진 머리와 상쾌해진 몸. 이게 가능하려면 첩보전을 방불케 하는 작전 계획을 세워야 한다.

가장 중요한 건 타이밍. 경전철, 공항철도가 줄줄이 연결되는 곳이기 때문에 승차 시간대를 잘못 잡으면 앉기는커녕 제대로 서 있기도 힘들다. 그래서 출근 전 과정을 소요 시간에 따라 세분하고, 최적의 승차 시점을 잡았다. 관건은 '1차 파도'와 '2차 파도'의 틈새 포착. 오전 7시 30분부터 8시 10분 사이에 지하철로 이동하는 사람들이 1차 파도, 조금 늦은 8시 30분에서 9시까지의 승객을 2차 파도로 볼 수 있다.

사람마다 내리는 역과 이동 거리가 다르니 딱 부러진 도식은 없다. 내가 타고 내리는 구간에서 틈새는 오전 8시 30분부터 오전 9시 사이. 이걸 잘 맞추면 곧바로, 그렇지 않더라도 한두 정거장 지나면 앉을 수 있다. 잠깐의 눈 붙임이 그날 컨디션을 좌우하기에 '파도

타기'는 굉장히 중요한 일상이기도 하다.

그러나 인생과 일상은 늘 변화무쌍하잖은가. 희망은 쉽게 배신을 당하고. 선 채로 손잡이를 부여잡고 졸다가 휘청거리고, 앉기는커녕 옴짝달싹 못 하다 내리기도 한다. 그래도 확률로 봤을 때 열 번에 예닐곱 번은 앉는 데 성공한다.

다만 숨어 있는 난관이 있다. 바로 양쪽 옆에 앉은 사람들. 가방에서 뭘 꺼내려고 움직이다 내 팔을 툭툭 치거나 계속 고쳐 앉는다면, 그게 설핏 선잠이 들 즈음에 일어나는 일이라면 잠들기를 포기해야 한다. 무선 이어폰을 뚫고 들릴 정도로 통화한다면 앉았다는 데 만족해야 한다.

그날이 딱 그랬다.

"그러니까 그 자식은 왜 나한테 그러는 거야. 내가 자기 하인이야 뭐야."

알고 싶지도 않고 알 필요도 없는데, 옆자리 남성의 전날 술자리 장면들이 들이쳤다. 술이 덜 깨서인지 목소리는 줄어들지 않았다. 주변 눈총에도 아랑곳없으니, 되레 내가 불편했다. 일어서자니 힘들고, 앉아 있자니 짜증 나고.

문득 궁금해졌다. 사람과 사람 사이의 적절한 간격은 어느 정도일까. 촘촘한 지하철 좌석에서 편의와 배려의 거리는 얼마일까.

실내 수영장의 폭 좁은 레인에서 타인과의 거리 지키기는 중요한 덕목이다. 코치는 늘 "앞사람이 두 번째 기둥을 지날 때 출발하세요. 그래도 충분합니다."라고 말한다. 간격을 적당하게 유지하려면 앞사람의 속도, 컨디션을 잘 파악해야 한다. 물속에선 시야가 좁아지는 탓에 팔동작을 하다 앞사람의 발을 찌르지 않도록 신경을 써야 한다. 물론 유난히 앞사람이 느린 날에는 수시로 발을 찌를 수밖에.

찌르는 쪽은 잘 모르지만, 찔려보면 안다. 순간 치미는 짜증과 속도를 더 내야 한다는 강박을. 특히 초급반과 중급반에서 발 찌르기는 잦다. 자주 일어난다. 대개 찔린 사람은 허둥거린다. 허겁지겁 팔과 발을 움직이다 수영 리듬을 잃고, 금세 지친다.

상습적인 발 찌르기도 있다. 중급반 때였다. 수영을 몇 년 하다가 쉬었다는 40대 아저씨가 새로 들어왔다. 의욕 넘치던 그는 일찌감치 워밍업을 끝냈다. 10명

중 8번째였는데, 차츰 앞으로 순서를 옮겼다.

하루는 내 바로 뒤에 그 사람이 섰다. 자유형 25m를 지나고서부터 계속 발을 찔러대는 게 아닌가. 내가 느려서 그런가? 죽을힘을 다해 속도를 냈는데도 찌르기는 멈추지 않았다. 이건 예의가 아니지. 빠른 사람이 앞으로 가야지. 황급히 순서를 바꿔 뒤에 서니 그의 비밀이 보였다.

코치의 구령에 맞춰 첫 번째 순서에 서 있던 사람이 물에 들어가자마자 발 찌르기의 고수가 출발했다. 앞 사람과의 간격이 1초도 되지 않다니. 강습이 끝날 때까지 바짝 붙어 출발하기는 변함없었다. 저러니 다들 저 사람 앞에 서기 싫어했구나.

상급반, 마스터반으로 올라가면 발 찌르기는 드물어진다. 적절한 간격과 적당한 거리에 대한 감각, 경험을 쌓아서다. 느리다 싶으면 순서를 바꾸거나 뒤로 빠지는 여유도 갖게 된다. 여유는 가끔 우월감에서 오지만, 주로 받아들임을 뿌리로 한다. 있는 그대로의 나와 타인을 받아들일 때 여유가 싹을 틔우고 덩치를 키운다.

"이번 역은 ○○○역입니다. 내리실 손님은 오

른쪽······."

 옆자리 그 남자는? 이미 없다. 꿀잠을 놓쳤다. 그래도 여유의 싹이 새끼손가락 손톱만큼 자랐다.

인생 역전, 인생 여전

"무슨 좋은 일 있나 봐?"

실실 새어 나오는 웃음을 보던 아내가 커피잔을 내려놓으며 한마디 툭 던졌다.

"아니야. 그냥 상쾌하네."

"비가 오려는지 잔뜩 흐리기만 한데, 뭐가 상쾌하다는 거야."

타박이 훅 들어온다.

"얼마 전에 저녁 자리 끝나고 오다 로또를 샀는데······."

말허리를 자르더니 기대감 하나 없다는 듯 말했다.

"얼마인데?"

"5만 원. 당신 줄게, 하하."

"그래, 5만 원으로 저녁에 애들이랑 삼겹살 외식이나 합시다. 모자라는 건 당신 카드로 계산하고."

기분 좋긴 한데 밑지는 장사네.

집에서 반경 1.5km 안에 복권 판매점이 네 군데 있다. 더 있을 수도 있을 텐데, 주로 가는 게 네 곳이다. 대략 한 달에 한 번꼴로 괜찮은 꿈 꿨다 등의 핑계로 찾아간다. 쉬는 날에 가기 때문에 추첨일까지 간격이 짧다. 그래서 내린 처방은 일주일 묵히기. '근거 없는 기대감'을 최대로 누리려고 다음 주 주말까지 당첨 번호를 확인하지 않는다. 5만 원이라는 '거액'을 얻으면 인생 역전이라도 일군 것 같다. 아주 드물지만.

"오늘 기분 좋아 보이네."

아내가 건넨 말에 출근 준비를 하다 씨익 웃었다.

"요즘 어깨 아파서 물 잡기를 잘 못했는데, 오늘 좋았어."

"계속 아파? 나이 생각해 살살 해."

"접영 자세도 잘 나오더라고. 바사로 킥을 하는데 자꾸 앞사람 몸 위로 내가 올라가는 거야. 속도가 잘 나왔나 봐. 오늘은 불태웠어."

아내는 시답잖은 일에도 저렇게 즐거워하다니 하는 표정이었다. 그러거나 말거나, 좋은 건 좋은 거다.

똑같은 수영장, 구성원 변화 드문 마스터반 레인이지만 수영은 날마다 다르다. 어떤 날은 유난히 물 타며 발차기가 잘된다. 박태환이나 마이클 펠프스의 멋진 폼과 눈부신 속도를 장착하고 물살을 가르고 있다는 착각마저 한다. 현실은 '깻잎 한 장 두께'보다 존재감 없을 사소한 컨디션 차이.

한껏 부푼 홍은 지하철역까지 가는 발걸음도 가볍게. 하늘을 뚫을 기세다. 가끔 들르는 복권 판매점 간판이 보였다. 지갑에 마침 1만 원 지폐 한 장. 기분 더하기 기분, 1+1로 가볼까. 지폐를 꺼내는데 간판 아래 적힌 글귀가 눈에 들어왔다.

'대박 기원, 인생 여전.'

기역 받침이 어디로 사라지고 없다. 화려한 역전이 아니라, 자잘한 인생이 여전한들 어때. 사소한 즐거움이라도, 좋은 건 좋은 거다.

가만히 떠 있기

작은 물살들이 발가락, 손가락 사이사이를 부딪치며 간질인다. 이렇게 잘은 물살이 있나. 누군가 떠나고 난 자리에서 태어난 파문은 한 겹, 두 겹 동심원을 그리며 찾아와 몸을 살랑인다. 수면으로 내리꽂히는 햇살은 파동이 아니라 입자로 몸을 바꾸고 물과 충돌하며 뿌옇게 산란한다. 귀를 가득 메운 물 분자의 질량감에 맥을 못 추고 물 밖 세상의 소리는 잦아든다. 그 자리를 물속 이야기들이 채운다. 보글보글 내뱉는 숨, 빠르게 발을 차며 생긴 물거품, 허둥지둥 수면을 때리는 팔들…….

응응대는 이야기들은 금세 떠나고, 빈 공간에 물과 나만 남는다. 몸 밖의 물과 몸 안의 물은 분자 단위로 쪼개져 만났다 헤어지고, 자리를 바꾼다. 알 수 없는 언어로 나누는 그들만의 대화.

몸을 물에 잠그면 보이지 않았던 게 보인다. 눈을 감고 숨을 참지 못할 때까지 가만히 떠 있으면 무심코 지나쳤던 세계가 열린다. 텅 빈 방에 혼자 앉아 발걸음 소리 하나 들리지 않는 창밖을 바라보는 듯, 부산한 마음을 덮어버린 압도적 고요함.

뜬금없이 '가만히 물에 떠 있기'를 해보고 싶었던

건, 인도네시아 롬복Lombok의 느리게 흘러가는 시간 때문이었다. 호텔 주위를 느릿느릿 배회하는 고양이들, 샌들을 끌며 터벅터벅 걸어가는 여행자들의 낯선 속도감. 손때 타지 않은 풍경과 조용하고 순박한 일상은 정지 화면 같았다. 아찔한 속도에 익숙한 몸은 여행 첫날부터 똥 마려운 강아지인 양 호텔 방과 복도, 야외 수영장, 해변을 분주하게 쏘다녔다. 무슨 목적이 있는 것도 아닌데.

야외 수영장 중 구석에 자리한 수영장이 눈에 띄었다. 길쭉한 사각형에 해변을 바라보는 쪽을 투명한 유리벽으로 꾸민 공간. 롬복의 느린 시간 때문이었나. 조용히 있고 싶었고, 아침인데도 뜨거운 햇볕을 피하고 싶었다.

물 분자에 부딪혀 난반사하는 햇살처럼 공감각은 굴절했다. 가만히 물에 떠 있으니 분주함 대신 침잠이, 떠들썩함 대신 고요가 찾아왔다. 누르고 누른 숨이 턱까지 차올랐고 '원 킥 자유형'을 했다. 팔 스트로크 한 번에 발차기 한 번.

느리게 헤엄치니 보지 못했던 것, 보이지 않았던 것들이 보였다. 유리창 너머 하얀 모래, 너울거리는 파도, 풀 사이드 의자에 앉아 책 읽는 아내. 빠르게 넘기기 버튼만 누르다 잊은 일상의 소소한 장면들이 반짝였다.

속도와 시간을 다투는 게 수영의 기본 속성이지만, 모든 영법이 그렇지 않다. 최소한의 힘으로 길게 물을 타는 원 킥 자유형은 장거리 수영에 적합하게 개발됐다. 느리게 가면서 틀어진 자세, 흐려진 감각, 무너진 동작을 바로잡기에도 좋다. 수영에서 느림은 교정의 영역이기도 한 셈이다.

느림은 빠르게 지나치며 배설한 시간과 감정들을 되돌려준다. 유난히 머리가 무겁고 일상이 힘겨운 날엔 새벽 수영장으로 느릿느릿 걸어간다. 걷다 보면 마음 한쪽이 간질간질하다. 깊숙이 묻어뒀던 욕망, 분노, 절망의 찌꺼기들이 떠오른다. 헛된 말과 그악한 행동이 재생된다. 버려지지 않으면 그냥 그대로, 풀리지 않으면 풀리지 않는 대로. 속도를 버리고 세상이라는 물에 가만히 떠 있어 본다.

개구리와 올챙이

멈칫멈칫, 궁싯궁싯. 무릎까지 오는 검은색 4부 수영복을 입고 한 손에 두툼한 끈 하나짜리 수경, 다른 손에 검정 수모를 든 남성이 지하 1층 대형 거울 앞에 섰다. 거울 앞에서 수모를 썼다 벗었다 한다. 반으로 가르는 선이 이마 중앙에 오는지를 보려고.

 연신 고개를 돌려 좌우를 살핀다. 조금이라도 더 가리고 싶은 걸까. 수영복 윗단을 배꼽까지 끌어 올렸다. 마냥 늘어나는 게 아닌데, 자꾸 손으로 당긴다.

 수모 위에 수경을 올리더니, 샤워용품이 든 작은 가방을 들고 지하 2층 샤워장으로 향한다. 수영복을 입고 샤워를? 아니나 다를까. 주저하더니 정성껏 쓴 수모와 수영복을 벗는다. 다들 준비하느라 바빠 쳐다보지 않는데도 민망했는지 슬금슬금 게걸음으로 구석에 간다. 서둘러 머리를 감고, 비누칠. 다시 공들여 수영복 입기, 수모 쓰기.

 지하 3층 수영장에선 벌써 준비 운동 호루라기 소리가 울린다. 아뿔싸, 준비 운동은 꼭 하라고 했는데. 후다닥 계단을 내려가니 준비 운동은 마지막 스테이지. 피티 점프 P.T. Jump라 불리는, 팔 벌려 뛰기를 하는 사람들 사이에 어정쩡하게 섰다.

초급반은 어느 레인이지? 두리번거리는데 눈치 빠른 코치가 다가온다.

"처음 등록하셨죠? 초급반 레인은 여기입니다."

티가 나나? 물에 들어가자 초급반 레인에 서 있는 10명의 면면이 눈에 들어왔다. 남녀 가리지 않고 검은색 많이 들어간 수영복에 흰색 혹은 검정 수모.

"오늘 초급반 첫날입니다. 새벽 수영은 출석만 하면 다 한 거나 마찬가지니 빠지지 마십시오."

다들 앞뒤 좌우 탐색에 분주하다. 여성 회원이 많네. 최대한 무릎을 굽혀 수면 위로 목만 노출하려고 애쓴다. 팔다리 가늘고 배 나온 '외계인 체형'을 숨기려는 의도. 다른 이들도 비슷하다. 진짜 키를 알 수 없게 1.2m 수심에 맞춰 몸을 잔뜩 웅크리고 있다. 두 팔로 가슴을 가리는 여성 회원도.

"수영 조금이라도 배우신 분은 손~!"

한두 사람이 쭈뼛쭈뼛 손을 들었다가 얼른 물 아래로 감춘다. 혹시라도 시범 보이라고 할까 걱정하는 표정.

"자, 오늘은 글라이딩 자세부터 해보겠습니다."

한 명씩 수면에 몸을 던져 길게 가로로 누워보라고

한다. 버둥거려도 뜨지 않는 몸뚱이를 어떻게 누운 채로 띄우라는 건가. 게다가 몸 전체를 노출해야 하니 옆 레인에서 볼 수 있잖아.

가차 없는 코치는 쉴 새 없이 볶는다. 누워서 글라이딩, 엎드려서 글라이딩……. 숨은 언제, 어떻게 쉬라고. 버둥거리는 꼴이 우습지 않을까. 50분이 순식간에 지나갔다. 누구라도 녹초가 된 모습을 볼까 두려워 후다닥 흩어졌다.

11년 전의 초급반 올챙이는 이제 초급반 바로 옆 레인에 자리한 마스터반 개구리가 됐다. 개구리 시점에서 보자면, 초급반에서 어떻게 수영을 배우는지, 어떤 사람들이 있는지를 쳐다보지 않는다. 아무도 상대방 체형을 살피지 않는다. 자기도 숨 쉬느라 바빠서. 눈에 띄는 수영복이나 수모가 있으면 나도 저런 스타일로 바꿔볼까 생각할 뿐.

개구리가 되어보니 알겠다. 다른 이의 시선을 신경 쓸 필요 없음을. 옆 레인에서 철퍼덕거리는지, 허둥지둥하는지 누구도 관심 없다. 나만의 숨을 쉬는 게, 나만의 수영을 하는 게 먼저라서.

쉰 해 넘게 버둥대 보니 조금은 알겠다. 화려한 형

용사가 아니라 명징한 명사, 진중한 동사가 인생을 채운다는 걸.

세상에서 가장 먼 25m

성인 남성은 평균적으로 1초에 1.4m 정도를 걷는다. 저항이 있는 물속에선 자유형으로 50m를 1분 정도에 간다. 25m 길이의 레인이라면 걸어서 17.9초, 자유형으로 30초면 끝에 닿는다. 컨디션이 좋은 날이라면 20초 정도에 '날아서' 갈 수 있다. 이 짧은 거리가, 그날엔 1㎞쯤으로 느껴졌다.

"유방암이래. 수술해야 하고, 항암 치료도 받아야 한다네."

태연한 척하는 목소리가 흘러나왔다. 뭐라 말해야 할지 모르겠고, 괜찮을 거야 하는 말은 입속을 맴돌기만 했다. 휴대전화 저편에서 훌쩍이는 소리도 건너왔다. 침묵 그리고 더 무거운 침묵. 머릿속은 하얘졌고, 더듬거리면서 무슨 소리인지도 모를 말들을 내뱉었다.

"지금 지하철. 나중에 전화할게."

통화 종료음은 사형 선고 같았다. 손가락은 키보드 위에 멈췄다. 허둥지둥 회의를 마치고 나와 전화를 걸었다. 울리기만 하는 벨, 초조한 마음. 한참 만에야 전화를 받은 아내는 말없이 울기만 했다. 100㎏짜리 돌덩이를 가슴 위에 얹은 것처럼 답답했다.

건강 검진에서 아내만 따로 조직 검사를 할 때부터 예감은 왔다. 두 달간 우리 부부에게 '조직 검사' '암' '수술' '병원' 같은 단어는 금기어였다. 그렇게 하라고 시키지 않았는데, 연상 작용을 일으킬 만한 단어들을 삼켰다. 엄숙하고 답답한 시간은 암 판정 순간부터 무게감 있는 실체를 얻었다. 애써 소소한 일상을 공유하며 웃어 보였지만, 무거운 공기를 밀어내기엔 역부족이었다.

조직 검사 결과를 받은 날로부터 일주일이 지나며 조금 차분해졌다. 함께 병원에 들러 수술 일정과 후속 치료 시간표를 받았고, 인터넷 검색으로 긍정적이고 안심할 만한 정보도 많이 쌓았다. 그래서 마음 주변에 어느 정도 단단한 울타리를 친 줄 알았다.

아내는 수영을 가라며 전날부터 채근했다. 보호자 겸 간병인이 건강해야 한다고, 나도 잘 이겨낼 테니 당신도 의연하라고. 수영장 가는 길은 그리 무겁지 않았다. 을씨년스럽고 어둑한 11월의 새벽이었지만, 가볍게 걸을 만했다. 늘 하던 대로 샤워를 하고 풀로 내려섰다.

"엄청 오랜만이네요."

"무슨 일 있었나?"

"짝꿍은 안 와요?"

인사를 주고받고 워밍업에 들어갔다.

"천천히 자유형 100m 1번만 하겠습니다."

코치의 구령에 맞춰 입수해 자유형을 하려던 참이었다. 거짓말처럼 숨이 쉬어지지 않았다. 알 수 없는 무엇이 나를 자꾸 아래로 잡아당겼다. 눈에 빤히 보이는 깊이 1.5m 수영장 바닥이 무섭기만 했다. 숨을 참아가면서 억지로 팔을 휘저었다. 고개를 쳐들고 다급하게 숨을 들이마시다 두세 번 일어서기도 했다.

반대편에서 턴을 하고 다시 25m를 오던 이들이 하나둘 뒤로 멈춰 섰다. 다들 어리둥절한 표정을 지었다. 큰 사달이 났다고 여긴 코치가 쫓아왔다.

"어디 아프세요? 불편한 곳이라도?"

"갑자기 호흡을 못 하겠네요. 나가겠습니다."

코치가 걱정 가득한 얼굴로 따라왔다. 뜨거운 물로 샤워하다 가겠다고, 어제 과음을 해서 몸이 안 좋다고 얼버무렸다.

텅 빈 샤워장은 거대한 동굴이었다. 수영복을 입은 채로 뜨거운 물을 맞았다. 가까운 사람을 잃을 수 있다는 공포, 심장 한쪽이 떨어져 나간 듯한 상실감, 빛 한 줌 없는 어둠 속으로 끌려가는 암울함, 둘만 있는 SNS 대화방에 글을 올려도 읽을 사람이 없을지 모른다는 불안.

쏟아지는 물줄기에 눈물이 보태졌고, 삼킨 울음만큼 더해졌다. 그래도 그때 쏟아낸 슬픔의 무게만큼 마음은 부력을 얻었을 거다.

레인과 순번의 비밀

짧은 여행을 다녀오느라 며칠 빼먹고 수요일에 등판했다. 비축한 체력으로 불꽃 수영을 하겠다는 들뜬 마음에 일찌감치 워밍업까지 끝냈다. 그런데 상급반 레인에서 같이 수영을 하던 사람들이 몇 명 바뀌었다.

어? 신규 회원 들어오는 월초도 아니고, 반 변경이 있는 월말도 아닌데. 바로 내 뒤의 순번인 빨간 수모 아저씨와 하얀 수모 아줌마가 보이지 않는다. 어디로 갔지? 오늘 안 나오나.

뭔가 수상한 낌새에 두리번거리는데, 마스터반 레인으로 두 사람이 차례로 입수한다. 순간 얼굴이 확 굳어졌었나 보다. 우리 레인의 최고령, 초록 수모 어르신이 쓱 다가오셨다.

"어디 여행 다녀왔어? 월요일에 우리 레인에서 두 명이 마스터반으로 가고 세 명이 중급반에서 올라왔어. 1번인데 자리를 비우니까 못 올라가고 그렇지, 하하."

이건 아니잖아. 기분이 팍 상했다. 내가 훨씬 빠르고 수영도 더 오래 했는데. 알량한 자존심이 불쑥 고개를 들었다. 강습 시간 내내 코치를 뚫어지게 쳐다봤다. 자유형을 하든, 배영을 하든 반드시 뒤돌아서서 눈을 마주쳤다. 이제라도 나를 마스터반으로 올리지 않을까 하는 일말의 기대로. 그리고 한 달 동안 아무 일도 없었다.

수영에 재미를 붙이면 속도에 집착하게 된다. 더 나아가 물을 좀 가를 줄 알게 되면 레인과 순번에 예민해진다. 내가 앞사람보다 빠른 것 같은데 왜 순서를 안 바꿔주나. 옆 레인을 보니 별거 없는데 왜 반을 올려주지 않나. 푸념들이 쌓인다.

내가 다니는 수영장은 유아용 풀을 빼고 6개 레인을 갖췄다. 끝에서부터 초급반 1개, 중급반 1개, 마스터반 3개, 상급반 1개. 마스터반에서도 수력 길고 운동량 많은 회원은 초급반 바로 옆 3번 레인을 쓴다. 그다음이 4번, 갓 상급반에서 올라온 이들은 5번 레인.

이 순서에 심오한 의미나 이유가 있지 않나 여겼다. 수영 경기를 보면 예선에서 좋은 성적을 거둘수록 가운데 레인을 주지 않나.

어느 금요일, 상급반 레인 저녁 자리에서 누군가 말했다. 가운데 레인일수록 벽에 부딪쳐 나오는 물살의 영향을 덜 받기 때문에 속도가 빨라지고, 저항이 낮아지기 때문에 마스터반에 준다고. 다들 고개를 끄덕였다. 한 사람만 빼고.

코치 설명을 요약하면, 초급·중급반은 샤워장과 가까운 이동성을 고려했다. 아주 초짜만 모인 반이 초급반 근처 유아용 풀을 쓰는 것도 감안했다고. 상급반의 경우 본래 없었는데, 중급반을 세분하면서 마스터반 가장 끝 레인을 줬다고 한다.

"그러면 마스터반 중에 잘하는 레인은 왜 중급반 옆이죠?"

"반대편 끝에서부터 차례로 배정하다 보니 그렇게 된 겁니다."

뭐, 대단한 이유가 있는 게 아니었다.

내친김에 승급의 비밀을 물었다. 꽁하고 있다는 느낌이 들지 않게 마치 남 얘기하듯.

"빠르다고 다 올리는 게 아닙니다. 레인마다 대열을 이끌고 나갈 1번이 있어야 하니까. 1번을 할 사람이 있는지 살펴서 올리고요. 레인별 운동 흐름이 끊어지지 않게 속도 차이를 얼추 맞추기도 합니다."

이렇게 허망할 수가.

눈치 빠른 코치는 한마디를 덧붙였다.

"지난번에 서운하셨나 보네요. 나오지 않으신 것도 있었고, 회원님 빠지면 1번이 없어요. 다음엔 마스터반으로 보내 드릴게요."

민망해서 맥주만 홀짝홀짝 마셨다.

10년 넘게 수영하다 보니, 이젠 레인이나 순번을 크게 신경 쓰지 않는다. 집착을 완전히 버린 건 아니고. 더 올라갈 레인이 없기도 하고, 거꾸로 아래 레인으로 도망가기도 한다.

애를 써도 속도가 나지 않아 슬그머니 옆 레인으로 옮긴 날이었다. 그 눈치 빠른 코치가 큰 소리로 말했다.

"회원님, 앞으로 나오세요. 거기, 네. 회원님 맞아요."

아닌 척, 모른 척하려는데 자꾸 불렀다.

"1번 하셔야죠. 최고 반에서 왔는데, 뒤에 숨으면 안 돼요."

꽁했던 건 기억도 나지 않는데, 민망함은 잊지 않고 찾아오는구나. 시시하고 지질한 나를 위해 접영 50m~!

경계선

외줄타기를 본 적 있다. 어름사니는 태연하게, 때로 위태롭게 줄 위를 오갔다. 살짝만 옆으로 디뎌도 바닥으로 떨어지는데, 줄 위에서 뛰고 날며 재주를 부렸다. 목숨을 걸고.

우리는 외줄 대신 경계선을 밟고 있다. 성공과 실패, 환호와 좌절, 희망과 절망은 모두 발 하나 폭도 안 되는 선으로 구획돼 있을 뿐이다. 모든 선은 삶과 죽음을 가로지르는 얇은 경계선으로 수렴한다.

"아악~!"

유아용 풀에서 비명이 들렸다. 중급반 코치가 부리나케 뛰어들었다. 이어 상급반 코치까지 합류해 남성 한 명을 물에서 끌어 올렸다. 초급반 코치는 휴대전화를 들고 배회했다.

가슴 압박, 인공호흡, 가슴 압박, 인공호흡……. 가쁘게 이어지는 심폐 소생술을 지켜보는데, 함께 수영하던 여대생이 유아용 풀까지 달려와 주저앉았다. 다시 가슴 압박, 인공호흡. 대략 5분쯤 됐나. 119 구급대원들이 들것을 들고 황급하게 내려왔다. 들것에 실려 가는 남성을 여대생과 나이 든 여성이 뒤따랐다.

그 주엔 수영이 무거웠다. 바닥에 누운 그 남자의 딱딱하게 굳은 다리, 심폐 소생술에 들썩이던 가슴, 파랗게 질렸던 얼굴이 맴돌았다. 안부가 궁금했지만, 누구도 말을 꺼내지 않았다.

일주일이 지나고, 검은색 상복 차림의 여성 두 명이 수영장 레인들을 돌며 인사를 했다.

"신경 써주셔서 감사했습니다."

"그날, 정말 고마웠습니다."

우리 레인 앞으로 온 여대생은 눈물을 흘렸다.

"걱정해 주셔서 장례 잘 치렀습니다."

이런저런 위로의 말이 지나갔다.

"엄마랑 저는 다른 곳으로 이사하려고요. 수영은 다시 못 할 것 같아요."

상복을 입은 사람과 수영복을 입은 이들이 손을 잡고, 위로와 애도를 건네는 모습은 기이했다. 수영장이 상갓집이고, 우리는 수영복을 차려입은 문상객 같기도 했다.

그날, 숨을 거둔 고인과 우리를 가로지른 경계선은 어디에 있었을까. 애도의 공간과 운동의 공간 사이 거리는 얼마나 될까. 눈물과 땀의 무게는 다를까.

어쩌면 경계선 따위는 없는 걸지 모른다. 호흡 하나에 삶과 죽음이 뒤섞이고, 걸음 하나에 위로와 애도가 엉키는 외줄을 타고 있을 뿐.

미래는 알 수 없고, 시간은 준비한 대로 흐르지 않는다. 내일은 늘 다가오고 있지만, 영원히 만날 수 없다. 만나는 순간, 내일은 오늘이니까. 구질구질하더라도 오늘은 소중하다.

일단 긍정

아뿔싸, 눈을 떠보니 오전 5시 40분. 알람이 울리는 것도 모르고 자다니. 부랴부랴 수영 장비를 챙겨서 가도 빠듯한 시간이다. 차라리 10분 뒤에 눈이 떠졌으면 이런 고민조차 안 할 텐데. 침대 모서리에 걸터앉아서 갈까 말까를 고민하는데, 수십 개의 가지 말아야 하는 이유가 고개를 들이밀었다. 요즘 어깨가 아픈데 하루 쉬는 것쯤이야, 이번 주 업무가 힘들었으니 오늘은 조금 더 자자, 내일 가면 되잖아…….

달콤한 속삭임에 넘어가서 다시 잠을 청했는데도 몸이 개운치 않았다. 출근길 지하철에 올라서는데 '띠링' 문자 한 통이 왔다.

'[Web발신] ◆ ○○○스포츠센터 긴급 공지-회원님들의 안전을 위해 부득이 천장 긴급 보수공사를 진행합니다. ○○월 ○○일 금요일 수영 프로그램 이용이 금지됩니다. ……'

내일 수영을 가서 불태우려고 했는데 망했다. 그냥 늦더라도 오늘 수영을 갔어야 했는데. 자책하면서 아내에게 하소연하듯 문자를 전달했다. 돌아온 답은 예상 밖이었다.

"푹 쉬라는 거지."

이런 긍정적 반응이라니.

긍정은 생명도 구한다고 했든가. 미국 해군 장교였던 제임스 본드 스톡데일은 베트남 전쟁 포로였다. 가로 90cm, 세로 275cm 크기 독방에 감금돼 1965년부터 1973년까지 절망의 나날을 보냈다. 함께 포로가 된 많은 사람이 기약 없는 현실을 외면한 채 무작정 희망만을 품다 '바닥 없는 실망'을 맛보고 생을 마감했다. 반면 스톡데일은 냉정한 현실을 인정하되 희망을 버리지 않았다고 한다. 그는 8년을 견뎠고 자유를 얻었다. 여기서 합리적 낙관주의를 이르는 '스톡데일 패러독스'가 탄생했다.

자유형 10바퀴(500m)를 돌면서 비슷한 생각을 했었다. 아직 다섯 바퀴나 남았네 하니 한없이 힘들고 지쳤다. 반대로 이제 다섯 바퀴밖에 안 남았네 생각하니 그렇게 몸이 가벼울 수 없었다. 바람에도 나부끼는 갈대 같은 마음이라니.

상급반 시절에 늘 환하게 웃는 사람이 있었다. 검정 수모를 쓰고 다녀서 '검정 수모 아저씨'로 불렸던 그는 속도가 느려도, 자세가 이상해서 코치에게 타박을 들어도, 뒷사람이 발을 찔러도 웃기만 했다. 회식 자리에서 우연히 이유를 들었다.

"짜증을 낸다고, 조바심을 낸다고 달라지나요. 오늘도 이 정도까지 해냈구나 생각하면 매사 즐겁습니다."

기나긴 항암 치료를 받으면서 아내는 웃음이 많아졌다. 출산과 육아, 가사, 직장 업무를 다 떠안느라 얼굴이 굳어 있었는데. 웃음은 여유이고, 여유는 긍정이지 않을까.

지하철역 에스컬레이터로 올라오는데, 안심 거울에 내 얼굴이 비쳤다. 피곤에 찌든, 딱딱하게 굳은, 화가 난 듯한 50대 아저씨가 말을 걸었다.

"제발, 좀 웃어!"

골목길

어릴 때 살던 동네엔 어른 두 사람이 겨우 지나갈 만큼 좁은 골목들이 촘촘하게 박혀 있었다. 골목들이 만나는 지점에 작은 광장이 있고, 거기 우물이 있었다. 우물 앞에서 모인 골목은 또 다른 골목으로 흩어졌다. 구불구불 걷다 보면 이발소, 철물점, 떡집, 책방, 문방구를 만나고 막다른 길인 것 같지만 다른 길로 이어지기도 했다. 골목길은 도시의 지문 같은 존재였다.

한참 시간이 흘러 찾았더니 그 많던 골목은 지워지고 없었다. 대신 곧게 뻗은 도로, 넓은 인도가 자리했다. 다닥다닥하던 집들, 라일락 꽃향기 알싸하던 봄날 초저녁, 술래잡기로 시끄러운 아이들, 밥 짓는 냄새도 사라지고 없었다. 숨이 막혔다. 네모반듯한 길과 주택이 가슴을 짓눌렀다. 지금 사는 동네도 도시 계획을 잘한 주택가인데, 왜 어릴 적 동네의 변신을 보면서 숨이 막히지?

당혹스러움은 진짜 호흡 곤란이었을지 모른다. 골목길은 도시의 허파 같은 존재니까. 일상에 지친 이들은 언제나 골목으로 스며든다. 온갖 감정의 찌꺼기를 어느 구석에 몰래 버리고, 아닌 척 주름을 펼 수 있으니.

구부러지고 휘어지는 골목길은 바로잡아야 할 무엇일 수 있다. 굳이 이유를 따져보자면 화재에 취약하고, 보행에 불편을 주고, 공간 활용이 효율적이지 못할 것이다. 그래도 아쉽고 그립다. 비 오는 골목길을 게걸음으로 지나며 마주쳤던 동네 누나의 미소, 비누 냄새도.

무언가를 바로잡는다는 건 대부분 효율을 목적으로 한다. 접영, 평영, 배영 같은 수영의 영법들도 긴 세월 거치면서 효율적인 자세들을 추린 것이다. 영법 가운데 자유형만 명칭이 헤엄친다는 뜻의 '영泳'이 아닌 모양 '형型'으로 끝난다. 영법 대신 경기 종목에서 유래해서다. 자유형에선 어떤 자세로 헤엄을 치든 상관없다. 빨리 목적지에 도달하기만 하면 된다. 그래서 '자유'형이다. 우리가 아는 일반적 자유형 영법은 '크롤'이라고 불린다. 가장 빠른 속도를 낼 수 있는 자세다.

정해진 영법으로만 헤엄을 쳐야 하는 건 아니다. 강습에선 자유형 발차기에 접영 팔동작, 접영 발차기에 평영 팔동작도 한다.

이런 걸 고려해도, 둘째 아이는 독특했다. 접영을 하라면 평영 발차기에 접영 팔동작을, 접영 발차기에 자유형 팔동작을 했다. 좀처럼 속도가 나지 않을 텐데도 곧잘 했다. 코치가 황당하다고 말할 정도로.

언제인가 둘째 아이의 수영 공개 수업을 본 뒤에 에둘러 물었다.

"자유형을 하라고 하는데, 왜 너만 평영 발에 자유형 팔을 하는 거니?"

옆에서 아내가 눈치를 줬다. 가뜩이나 예민하고, 성장 발달이 더딘 아이인데.

"아빠, 다를 뿐이지 틀린 건 아니에요. 느릴 뿐이지 잘못된 건 아니잖아요."

"누가 그런 말을 해?"

"유치원 선생님이요. 다른 걸 틀렸다고 말하는 건 잘못이래요."

이런, 아이만도 못하구나.

꼭 네모반듯할 필요는 없다. 구불구불하고 휘어지는 골목길이 있어야 도시가 숨을 쉴 수 있다. 정해진 자세로 헤엄을 치지 않아도 된다. 어깨가 아프면 자유형 발차기만, 배영 하라면 평영으로. 매일의 일상도 네모반듯할 필요 없다. 구부러졌다고 쓸모없는 게 아니고, 다르다고 틀린 건 아니니까.

음~~파~

"갈 때 오른손 뻗고 사이드 발차기, 올 때 반대로. 100m 네 번."

코치의 시범과 설명을 듣자마자 중급반 레인에 선 10명은 웅성거렸다. 몸을 길게 수면에 띄운 다음, 머리는 고정하고 몸을 90도 돌리라는 추가 설명엔 갸웃.

"어떻게 숨을 쉬라는 거지?"

"숨을 참고 25m를 가라는 건가?"

호루라기 소리가 울리자 저마다 살기 위한 숨쉬기를 찾아가며 허우적거렸다. 보다 못한 코치가 멈춰 세웠다.

"숨은 고개를 옆으로 돌리면서 자연스럽게 쉬세요."

그제야 안도. 그렇다고 능숙해지는 건 아니지만.

숨쉬기는 중요하다. 숨 쉬는 방식, 시간 등에 따라 속도는 물론이고 자세까지 영향을 받는다. 핵심은 간결하게 그리고 편안하게. 물에 얼굴을 넣는 순간부터 "음" 하고 숨을 내뱉으면 금방 들이마셔야 한다. 내쉬고 마시는 간격이 짧으면 발차기와 팔 젓기 연결이 매끄럽지 않게 된다. 그래서 선수가 아닌 일반인 수영의 처음과 끝은 호흡이라고 생각한다.

인간도 식물도 세포도 호흡을 해야 생명을 유지할 수 있다. 대학 생화학 강의 시간에 세포 단위에서 유기물(영양분)을 산화시켜 '아데노신 3인산 ATP'이라는 에너지원을 만드는 복잡한 과정을 배웠었다. 이걸 확장하면 산소를 마시고 이산화탄소를 내뱉는 인체 호흡이 된다. 과학의 눈에 비치는 호흡은 정교하면서도 복잡한 화학식, 얽히고설킨 화학 반응 사이클이다.

열심히 외웠는데, 이젠 간단한 화학식조차 깡그리 잊어버렸다. 대신 들숨과 날숨에 생명이 어려 있음을 배웠다. 갓 태어난 큰애를 보면서 숨 쉬는지, 살아 있는지 걱정돼 코밑에 손가락을 대본 적 있다. 오르락내리락하는 가슴을 보며 이게 생명이구나, 이 생명을 책임질 수 있을까 하는 실없는 생각에 빠졌었다.

여전히 서툰 숨쉬기를 탓하며 수영장을 나서는데 아파트 단지에서 초록빛 나뭇잎들이 햇살을 받아 호흡하고 있었다. 몇 달 전엔 앙상했는데. 생명은 아름답고, 숨쉬기는 경이롭구나.

편안하게 혹은 멋지게 호흡하는 날이 올까? 영영 오지 않을 거야. 다 잘하는 사람은 재수 없잖아. 스스로 위로한다.

맥주병 올빼미

"○○번 올빼미. 수영할 줄 압니까."

"유! 격! ○○번 올빼미. 못 합니다."

"맥주병 복창하면서 내려갑니다."

"맥주병~ 맥주병~ 맥주병~."

분명히 외쳤다. 절벽에서 뛰어내려 호수에 입수할 때까지 목이 터지도록 소리쳤다. 그런데도 고무보트에 타고 있던 조교는 바로 꺼내주지 않았다. 머리를 물속에 계속 밀어 넣었다. 두세 차례 반복하고 나서야 끌어 올렸다.

'1993년' '유격 훈련' '도하 훈련'이라는 낱말을 조합하면 공포다. 깎아지른 절벽 위에서 줄에 걸린 도르래를 타고 내려오다 호수에 뛰어드는 훈련이었다. 아찔한 높이, 무지막지한 하강 속도, 바닥이 보이지 않는 호수, 부실해 보이는 로프, 녹슨 도르래.

그나마 난 나은 편이었다. 절박하게 맥주병을 외치던 옆 소대 '올빼미'는 도르래를 놓지 못해 호수 끝의 보호 매트에 처박혔다. 크게 다치지 않았지만, 다들 얼어붙었다. 넋이 나간 그는 계속 "맥주병"을 중얼거렸다.

쉬는 시간에 먹잇감을 찾은 고참이 갈구기 시작했다.

"야, 이 새끼야. 부산이라며? 바닷가 출신이 수영도 못 하냐, 등신."

부산에서 20년을 살았지만 물과 친하지 않았다. 집어삼킬 듯 들이치는 파도를 무서워하지 않으면 이상하지 않나. 바다와 먼 지역에 살기도 했고.

물 공포의 개인적인 기원도 있다. 기억이 가물가물한데, 어릴 때 여탕에서 빠져 죽을 뻔했다. 누군가 날 건져준 건 생각난다. 정확하게는 나를 안아서 올렸던 그 품이 또렷하다.

한 번 각인한 두려움은 좀체 사라지지 않는다. 필리핀 엘니도로 신혼여행을 가서도 '맥주병 올빼미'는 맹활약했다. 아내는 바다에 뛰어들어 스노클링을 즐기는데, 나는 부둣가 잔교에 걸터앉아 하염없이 짝꿍만 바라봤다. 나올 생각을 하지 않던 아내가 갑자기 고개를 쳐들자 잔뜩 긴장하기도 했다. 무슨 일이 생겼나 해서. 사실 일어서면 가슴께에서 물결이 찰랑이는 깊이였는데.

수영을 배울 기회가 없었던 건 아니다. 대학을 졸업하고 입사 시험을 준비할 때 친구 꾐에 빠져 수영장에

등록했었다. 딱 두 번 가고 환불했지만. 길이 50m 레인 수영장이었는데, 절반은 수심 2m였다. 두 번째 강습 때 킥 판을 잡고 풍덩 뛰어들었고, 발이 닿지 않았다. 40분 내내 공포에 젖어 버둥거렸고, 그길로 수영장과 작별.

맥주병 올빼미를 극복하기까지 꽤 걸렸다. 앉아서 일하는 시간이 길다 보니 허리 통증을 얻었고, 마침 두 아들이 수영을 배우면서 살짝 마음이 움직였다. 아내가 부추기기도 했고. 넘지 못할, 넘으려고 시도하지 않은 벽 가운데 하나는 넘자. 객쩍은 용기로 덜컥 등록. 살면서 잘했다고 여기는 몇 가지 안 되는 선택 중 하나다.

장벽을 넘으면 할 수 있는 게 많아진다. 호텔 수영장에서 접영으로 으스대기도 하고, 윈드서핑을 하며 우쭐대기도 했다. 나이를 먹으며 무언가 하나씩 깨고 나가거나 이뤄낸다는 게 이런 느낌인가.

그런데 아직 넘지 못한 벽이 있다. 오른쪽 손아귀에 긴 흉터로 남은 부엌칼 트라우마와는 언제쯤 이별할 수 있을까.

스위머스 하이

일어날 때 찌뿌둥하더니, 탈이 났다. 팔을 번갈아 쓰면서 한 팔 자유형으로 100m를 오가는 워밍업에서부터 몸이 무겁다고 느꼈다.

"운동량 늘리기 들어가겠습니다. 양팔 접영 25m 갔다가 자유형으로 돌아오세요. 50m 여섯 번 하겠습니다. 고~!"

첫 50m는 괜찮았는데, 두 번째 접영에서 왼쪽 어깨가 돌지 않는다. 전날 부산을 오간 일정이 버거웠나.

유난히 수영이 안 되는 날이 있다. 몸이 무겁다고 통칭하지만, 이유는 다양하다. 전날 과음했거나 과로했다면 백발백중.

통증이 심해져 맨 뒷자리로 물러났다. 어쨌든 오전 6시 50분까지 버티려는 수작이었다. 하지만 몸은 냉혹하다. 통증 때문에 균형이 무너지니 발차기, 물 타기, 물 잡기, 어느 하나 되는 게 없다. 가쁜 숨을 몰아쉬며 벽에 걸린 시계를 보니 6시 31분. 겨우 26분 운동했을 뿐인데.

견디다 못해 물 밖으로 나오자 뒤통수로 코치의 타박이 날아든다.

"어디 가세요! 이제 30분인데. 아직 많이 남았어요.

도망가지 마!"

그러거나 말거나 뒤도 안 돌아보고 샤워장 계단 쪽으로 허겁지겁. 누군가 뒤쫓는다. 코치인가? 뭘 이렇게나 열정적으로?

"아침 일찍 회의라도 있나 봅니다."

돌아보니 한때 상급반에서 함께 수영했던 어르신이다. 얼버무리자 다 알겠다는 표정으로 한마디를 덧붙였다.

"살살 하세요. 하루이틀 수영할 것도 아니고."

후다닥 샤워를 마치고 누가 볼세라 서둘러 집으로 왔다.

보통 워밍업으로 몸을 달군 이후에 '운동량 늘리기'를 시작하면 몸의 고통을 슬슬 잊게 된다. 이를 '스위머스 하이Swimmer's High'라고 부른다. 비슷한 증상을 일컫는 말로 '러너스 하이Runner's High'라는 게 있다. 30분 이상 달리면 몸이 가벼워지고 머리가 맑아지는 느낌이 드는데 이게 러너스 하이 또는 러닝 하이다.

러너스 하이에 돌입하면 오래 달려도 지치지 않을 듯하고, 계속 달리고 싶어진다. 누군가는 오르가슴에 비교하기도 한다. 엔도르핀이 급증하면서 피로감과 통증을 잊어버리게 만들고, 체내 진통 물질의 생산량이 늘어난다는 연구 결과도 있다. 이 쾌감을 못 잊어서 매일 달리고, 또 달린다고.

수영도 비슷하다. 어깨에 파스를 잔뜩 붙였다가도 알람 소리에 아무렇지 않게 눈을 뜨고 수영가방을 싼다. 어느 순간 통증을 잊고 '접-배-평-자'로 이어지는 개인 혼영IM, Indivisual Medley으로 달리는 나를 보게 된다.

인간의 뇌는 쾌감을 기억하고, 절정의 순간만을 각인하는 걸까. 1km 이상 장거리 수영을 할 때마다 죽을 듯이 힘들지만, 쉬는 시간 10초에 고통을 잊어버린다. 무한정 수영하고 싶고, 계속할 수 있을 듯한 착각에 빠지기도 한다. 강습 끝나고 다음 시간대 사람들이 올 때까지 돌고 또 돌고. 지치지 않는 기대와 흥분은 이렇게 중독으로 넘어가기도 한다.

하지만 공짜는 없다. 과하게 얻어낸 쾌감의 대가는 꼬박꼬박 찾아온다. 수영하다 얻은 통증에 수영을 거를 수밖에 없는 일이 벌어진다. 접영이 유난히 잘된다고 무리한 날은 출근길에서부터 허리가 뻐근하다. 평영 300m, 500m 돌고 난 뒤 일주일을 넓적다리 근육 통

중으로 절뚝였다.

    쾌감과 중독의 경계선은 흐릿하다. 알 듯 말 듯, 어디까지인지 선을 긋기 어렵다. 오늘 다르고 내일 다른데, 무 자르듯 자를 수 있을까. 가끔 등줄기를 타고 싸한 느낌이 오기는 한다. 멈춤 신호가 켜졌을 때 멈출 수 있어야 하는 건 수영이나 삶이나 마찬가지인 모양이다.

수영장 냄새

'오늘은 유달리 진하네.'

일요일과 대체 공휴일인 월요일을 묶어 대청소한 다고 하더니 락스(염소계 표백제) 냄새가 진동한다. 새벽 첫 강습이라 더 그런가.

"코치님, 환기하든지 방법을 찾아보세요. 냄새가 너무 나요."

"물도 따가운 거 같아. 샤워하고 나왔는데도 따끔 거리네."

머리 말리는 공간에서 여성 수강생들이 선임 강사를 소환해 한마디씩 보탰다.

냄새는 꼬박 이틀을 갔다. 다음 날에도 완전히 가시지 않았다. 탈의실과 샤워장이 한결 깨끗해졌지만, 약간의 두통을 대가로 받아갔다.

"그나마 수영장 물에는 락스를 쓰지 않으니 다행이네."

샤워를 하다 누군가 툭 던진다. 물도 소독하고 정화하는데…….

보통 수영장에선 염소계 소독제를 쓴다. 살모넬라, 대장균과 각종 바이러스 따위를 없애는 게 목적이다.

수영장 특유의 냄새는 클로라민이라 불리는 유기 화합물이 원인이다. 소독제에 들어 있는 염소가 땀, 오줌 같은 분비물을 만나서 만들어진다.

쉽게 눈이 충혈되거나 목구멍이 간질간질한 건 소독제가 아니라 클로라민 탓이다. 그래서 탈의실, 샤워장에 '수영복 입기 전 샤워'라고 큼지막하게 써 붙인다.

대부분 샤워를 잘하지만, 가끔 무시하는 사람이 있기 마련이다. 들어갈 때 씻고, 나올 때 씻다 보면 피부가 건조해진다고 싫어하기도 한다. 건조함을 이기려고 오래 수영한 이들은 보디로션, 보디오일 같은 걸 꼭 챙겨 바른다. 다른 이들이 뭘 쓰는지 유심히 쳐다보기도 한다. 남의 떡이 커 보여서.

냄새가 좀 빠진 사흘째 날. 다음 시간대에 수영하는 걸로 추정되는 사람이 탈의실 옆 칸에 짐을 풀다 물었다.

"향이 좋은데, 뭘 쓰세요? 로션인가요, 오일인가요?"

"아, 이게 오일이긴 한데, 퍼서 바르는 보디오일인데요."

대뜸 손을 내민다.

"친환경 제품이네요. 향도 좋고. 보습 효과는 괜찮나요?"

"잘 모르겠습니다. 계속 써 오던 거라 그냥 씁니다."

"환경을 많이 생각하시나 봅니다."

할 말이 마땅찮았다. 의도치 않았는데, 환경을 걱정하는 사람이 된 기분은 나쁘지 않았다.

예기치 않은 머쓱함은 홀로 오지 않았다. 출근길에 커피를 들고 엘리베이터를 타는데, 사무실 동료가 따라 탔다.

"선배, 텀블러에 커피를 받으세요? 오~ 멋지시네요."

흠, 그게 아닌데. 무심코 내던진 담배꽁초, 함부로 버린 쓰레기들이 어디에선가 비웃고 있는 듯했다.

"내가 그렇게 고상한 사람은 아니야. 텀블러를 쓰면 무료 쿠폰을 더 빨리 받을 수 있어서."

다음 날, 수영복을 입은 채 샤워실로 내려오는 사람들이 신경 쓰였다. 처음 보는 얼굴인데, 새로 왔나. 저 상태로 샤워를 한다고? 말을 할까, 말까. 뭐라고 하지? 친환경? 수영장 냄새?

고민의 틈새로 코치가 비집고 들어왔다.

"회원님들, 더러운 물에 수영하기 싫으시죠? 샤워하고 수영복 입으시는 겁니다."

그날은 좀 길게 샤워를 했다.

핀 데이

금요일은 시험에 드는 날이다. 흔히 오리발이라고 부르는 핀fin을 착용해서다. 발이 30cm가량 늘어나기 때문에 발차기 한 번에 물을 밀어내는 양이 많아진다. 그만큼 속도가 붙는다. 맨발 수영의 속도를 1이라고 가정하면 오리발 수영은 2.5 정도.

초급반과 중급반 시절엔 금요일이 오기만 기다렸다. 오리발이 주는 황홀한 속도감 때문에. 발차기 힘이 강해지니 영법들이 한결 여유롭고 우아해진다. 괜히 으스대기도 한다. 마치 마이클 펠프스나 박태환이 된 양.

착각 혹은 함정을 깨닫는 데 오래 걸리지 않는다. 공짜로 얻어지는 속도는 없다. 오리발 하나의 무게는 대략 400g. 발이 길어지니 당연하게도 물의 저항이 늘어난다. 두 발에 낀 오리발 무게 800g, 물의 저항을 감안하면 하체에 상당한 부담을 줄 수밖에 없다.

특히 상급반 이상에선 '핀 데이fin day'에 장거리 수영이나 인터벌 대시interval dash를 한다. 오리발 끼고 자유형 30바퀴(1,500m)를 돌면 일상에서 잘 쓰지 않는 발목 주위 근육이 비명을 지른다. 허벅지가 땅기고 물살이 몸에 부딪쳤다 뒤로 밀려나는 걸 절실히 느낀다. 그나마 장거리는 앞사람 꽁무니를 놓치지 않으면 된다. 빠르게 하는 수영이 아니니까 호흡과 팔동작 간격, 최소한의 발차기에 집중하면 무난하다.

문제는 인터벌 대시. 100m 혹은 200m로 구간을 지정하고 정해진 시간 안에 들어와야 조금이라도 쉴 수 있다. 운동량은 폭발하고, 오버 페이스는 지척이다.

"인터벌 대시 100m, 2분 입니다. 25m 자유형, 25m 접영으로. 100m 여섯 번이 한 세트이고, 총 네 세트 합니다. 고~!"

두 번째 세트까지는 할 만했는데, 세 번째 세트부터 불길했다.

뒤에 선 30대 회원이 빠르게 쫓아왔다. 손으로 오리발을 툭툭 건드린다. 나보다 느렸던 사람인데. 순서 바꿔주기 싫은데. 자동차 기어를 2단에서 3단으로 변경하듯 속도를 끌어올렸다. 터질 듯한 허벅지, 뻐근해진 어깨. 괜찮겠지. 조금 무리한 정도겠지.

탈이 났다. 출근 준비를 하며 양복 재킷을 입는데 왼쪽 팔을 들 수 없었다. 여든에도 수영을 하시는 어르신의 말씀이 틀린 게 없구나.

"지금이 최고 실력이야. 나이를 먹는데 20대, 30대 아이들처럼 수영한다는 게 가당키나 해? 다치지 말고 살살 해."

　어깨 통증의 훈장을 달게 된 원인을 따지자면 부질없는 욕심이 40%, 알량한 자존심이 60%다.

　이제는 금요일이면 슬금슬금 눈치부터 본다. 인터벌 대시 조짐만 보여도 옆 레인으로 도망간다. 아니면 쉬엄쉬엄. 수영하다 중간중간 쉰다. 남이 뭐라고 하든 말든, 어떻게 보든 무슨 상관인가. 다들 각자의 속도에 맞춰 헤엄치고, 살아가는 거다.
　가끔 어깨가 너무 아프면 후회하기도 한다. 어떻게 후회 없는 삶을 살 수 있겠나. 후회라는 게 과거로 돌아가면 반드시 다른 선택을 하겠다는 건 아닐 것이다. 그때는 맞고 지금은 틀린 게 어디 한둘인가.

여전히 설다

오전 5시 10분. 칼같이 울리는 휴대전화 알람에 마지 못해 눈을 떴다. 간밤에 길었던 저녁 자리가 부담이었나. 물먹은 솜처럼 몸이 무겁다. 그래도 해장 수영을 해야 하루가 편하지. 가방을 싸고 양치를 하는데, 거울에 비친 모습이 낯설다. 잠을 잔 건지 만 건지, 부스스한 눈 주위로 거뭇한 반점도 보인다.

오전 5시 55분. 멀리 수영장 건물이 보이는 곳까지 걸어왔는데 무언가 머릿속을 간질인다. 설마? 드라이백을 열어보니, 아뿔싸. 센터 스노클까지 챙겼는데, 있어야 할 수모는 없다.

곧바로 세 가지 선택지가 눈앞에 펼쳐졌다.
① 돌아가서 수모를 챙기고 부지런히 수영장으로 간다.
② 몸도 무거운데 집으로 돌아가서 쪽잠이라도 잔다.
③ 수영장에 가면 버려진 수모들이 있을 것이다.
이미 걸어온 거리가 1.4km나 되고 시간은 얼마 남지 않았다. 낮은 확률을 무릅쓰기로 했다. 선택은 ③.

탈의실에 들어서자마자 '보관함 바구니'를 뒤졌다.

주로 아이들이 놓고 간 수영복, 수모들. 계속 찾다 보니 밑바닥에서 하얀 수모 하나가 눈을 맞췄다. 예전에 마스터반에서 단체로 맞췄던 수모였다. 찬밥, 더운밥 가릴 때인가. 서둘러 샤워장으로 내려갔다.

맞지 않는 수모, 누렇게 변한 수모. 이 생각이 떠나지 않았다. 아무도 쳐다보지 않을 텐데 하면서도 쭈뼛거렸다. 마음이 따라주지 않아서일까. 30분가량 몸을 달구는데 모든 게 설기만 하다. 자유형 팔 꺾기는 옆으로 새고, 평영 호흡할 때 상체가 예쁘게 나오지 않는다. 가뜩이나 느린 배영에선 팔과 발이 박자를 못 맞췄다.

턱까지 차오른 숨을 몰아쉬는데 뒷사람이 어깨를 툭 쳤다.

"어제 술 드셨나 봐요. 많이 힘들어하시네."

"아, 네."

"그런데 수모 뒷부분이 찢어졌어요."

만져보니 손가락 한 마디 정도가 찢어졌다. 4년은 지났을 법한 수모이니 어쩔 수 있나. 누군가 살짝 찢어진 걸 알고 보관함 바구니에 던져뒀나. 시계를 보니 15분이나 남았다. 이걸 어쩌지. 괜히 수모를 탓하며 물 밖으로 나왔다.

내내 '설다'라는 단어가 혀끝을 맴돌았다. 익숙하지 못하다, 빈틈이 있고 서투르다는 뜻의 형용사. 동사로 쓰면 '설다'는 제대로 익지 아니하다, 잠이 모자라거나 깊이 들지 아니하다는 의미를 지닌다. 잠이 설고, 수영이 설다. 행동은 익지 않았고, 생각은 서투르고, 일상은 빈틈투성이다.

처음 살아보는 거니 설면 또 어떤가. 빽빽한 시간의 숲에서 잠시 쉬려면 빈틈도 있어야지. 낡은 수모 덕분에 한적한 새벽을 걸으며 크게 심호흡을 해본다. 설어서 좋다.

못해도 괜찮아

뜰까. 내 몸을 이기고 뜰 수 있다고? 중학생 발보다 작을 거 같은데. 첫인상은 당혹과 의심이었다. 본래 이름 '풀 부이pull buoy'. 더 자주 불리는 이름은 '땅콩'.

가로 23cm, 세로 13cm 정도에 불과한 땅콩을 처음 잡던 날, 물값 따로 내야 한다는 코치의 핀잔을 단체로 들었다. 첫 난관은 땅콩 잡고 발차기. 자유형, 평영, 접영 발차기를 번갈아 시키는데, 발을 차서 앞으로 가긴 했다.

난관은 호흡이었다. 숨을 쉬려고 고개를 들면 자연스럽게 손이 땅콩을 누르고, 상체는 가라앉았다. 한 팔로 눌러지는데 이게 부력을 제공한다? 믿을 수 없었다. 숨 좀 쉬려고 발을 세게 찰수록 허리 아래는 바닥으로, 바닥으로. 배영을 할 때는 더 심각했다. 땅콩을 배 위에 올리고 발차기를 하자 삐뚤빼뚤. 급기야 부표를 넘어 옆 레인을 침범하는 사람까지 등장했다.

고난은 끝나지 않았다. 허벅지 사이에 땅콩을 끼우자, 없던 부력이 샘솟았다. 자유형 팔동작으로만 가는 25m 내내 뒤뚱거렸다. 오른팔 돌리면 왼쪽으로, 왼팔 돌리면 오른쪽으로 몸이 빙그르 돌다 뒤집혔다. 균형을 잡으려 힘을 주니, 허벅지 사이 땅콩이 수면으로 쏙 튀어나왔다.

다음 날도, 또 다음 날도 사투는 계속. 허둥대는 게 우스운지 코치는 싱글벙글댔다. 잔뜩 독 오른 중급반 회원들은 쉬지 않고 발을 차고 팔을 돌렸다. 속도를 내면 자세가 잡히겠거니. 기대는 안일했다.

나흘째 되던 날, 숨 한 모금 마시기 힘들 정도로 뺑뺑이를 돌다 불현듯 감이 왔다. 팔다리에 한 줌의 힘도 넣기 어려워지자 땅콩이 통제권 안으로 들어왔다. 아, 내려놓는 만큼, 믿고 맡기는 만큼.

"풀 부이 잡고 자유형 발치기 100m, 다리 사이에 끼고 자유형 100m 하세요."

오랜만에 땅콩과 수영을 하는데, 옆 레인이 떠들썩했다. 예전의 나처럼 버둥대는 사람, 허탈하게 웃는 사람…….

중급반 코치의 말이 울렸다.

"잘하려고 들지 말고. 못해도 됩니다. 물에, 땅콩에 몸을 맡기세요."

뭐든 잘해야 하고 잘할 수 있는 건 아니다. 평영 잘한다고 배영까지 잘하지 않듯, 100m 달리기 잘한다고 마라톤 잘하지 않듯, 공부 잘한다고 세상살이 잘하지 않듯.

둘째 아이가 중학생일 때, 아내는 시험을 망친 아이에게 말했었다.

"못해도 괜찮아."

내가 나에게 얘기한다.

"느려도 괜찮아, 모자라도 괜찮아, 넘어져도 괜찮아, 못해도 괜찮아."

사소한 일탈

굳이 20분씩 걸어서 수영장을 오가는 건 나름의 고집이다. 바람 불면 부는 대로, 비 내리면 내리는 대로 걷는 맛이 색다르다. 차가운 기운이 물러가고 밤이 짧아지는 이른 봄에 어스름한 거리는 아늑하다.

그래서 평소보다 일찍 나섰다. 일부러 5분 더 걸리는 동선을 잡고 느긋하게 걸었다. 한두 사람만 보이는 탈의실에서 가방을 열고서야 수경을 두고 왔다는 걸 알게 됐다. 돌아가느냐, 수경을 빌리느냐.

짧은 고민. 내친김에 수영장 근처 근린 공원으로 향했다. 아직 해 뜨기 전인데도 아침 운동을 나온 이들이 제법 됐다. 봄이 왔다고 소리치는 듯 들꽃 무리는 봉오리를 피워내고 있었다. 어디선가 싱그러운 풀 냄새도. 잔뜩 땀 흘릴 시간에 흐느적거리듯 걷는 기분이 남달랐다. 수업 빼먹고 도서관 앞 잔디밭에서 실없는 농담을 주고받던 대학생 시절도 생각났다.

슬그머니 해가 떴다. 공원 귀퉁이에서 시작해 조금씩 진군하더니 환한 빛무리가 얼굴까지 닿았다. 작은 일탈이 이렇게 근사한 여유를 주다니.

일탈이라고 하면 정해진 길, 예측 가능한 경로, 본래 목적과 규범을 벗어나는 걸 말한다. 이런 거창한 게 아니더라도 수영할 시간에 공원 산책은 사소하지만 짜릿하다. 일탈이라면 일탈이다.

좀 일찍 도착해 샤워장에서 뜨거운 물을 길게 맞는 맛, 추운 겨울에 사우나실에 하염없이 앉아 있느라 강습을 절반가량 날리는 맛도 쏠쏠하다.

하잘것없는 일탈이 제법 큰 기쁨을 주는 건 익숙함과 집착으로 채워진 일상에서 벗어날 수 있어서인가. 집착하지 않는다면 한결 가벼워지고 즐거워진다고 알려주는 듯하다. 그런데 집착하지 않으면 뭘 해야 하지? 집착이 없으면 멋지게 수영을 해보겠다고 안달복달할 필요가 없는데. 집착이 없으면 조금이라도 낫게 살려고 아등바등할 이유가 사라지는데. 따지고 들면, 내가 손에 쥐고 있는 것 중 상당수는 집착의 결과물인데.

수영도 삶도 영원히 풀리지 않는 숙제 같다. 하나를 해결했다 생각하는 순간에 다음 질문이 빤히 쳐다보고 있다. 그러고 보니 완전하게 풀 수 없는 숙제를 부여잡고 매달리는 것도 집착이다. 끈적끈적한 집착.

중력이 없다면

악순환의 버튼을 누르고 말았다. 전날 특별히 뭘 하지도 않았는데, 몸이 천근만근이었다. 코치는 "가볍게 자유형 200m"라며 '가볍게'를 강조하는데, 물속으로 하염없이 가라앉는 기분이다. 가라앉는다고 의식하니 발을 더 세게, 팔을 더 강하게 휘저으려 했다. 배영이고, 접영, 평영이고 허우적거리기만 했다.

그 순간, 머리를 스치는 생각. 중력이 없다면 얼마나 자유로울까. 내 몸을 수영장 바닥으로 끌어당기는 힘은 사라지고 가볍게 뜰 수 있지 않을까. 중력이 없다면 수영은 의식하지 않아도 저절로 되는 숨쉬기와 같아지지 않을까. 상상은 수영복 차림의 사람들이 하늘을 나는 장면으로 연결됐다. 구름 위에서 접영을 하는 모습까지.

중력이 사라지면 지구를 둘러싸고 있는 대기는 날아가 버릴 수 있다. 우주선 안의 무중력 공간에서 물이 방울방울 떠다니는 것처럼 지각 위를 부유할지 모른다. 그러면 어디서 수영하지? 숨은 쉴 수 있을까? 중력은 질량을 지닌 모든 물체 사이에 작용하는 인력, 즉 당기는 힘이다. 지구가 나를 당기고, 물이 나를 당기며, 나도 지구와 물을 당기고 있다. 물이 나를 덜 당기면 좋을 텐데.

우리는 지구라는 바위 행성이 만든 중력장 안에서 탄생과 소멸을 반복한다. 한 물체가 행성으로부터 받는 중력은 행성의 질량에 비례하고, 행성과 물체 사이의 거리에 반비례한다. 구름이 떠 있는 높이에 수영장을 짓는다면 중력의 무게를 조금이라도 덜 수 있을 법하다. 우주에서 촘촘하게 박힌 천체들 사이 어디쯤에는 중력의 영향을 받지 않는 공간이 있지 않을까.

태양계에서 행성들은 태양을 중심으로 케플러 운동을 한다. 엄청난 질량을 자랑하는 태양은 행성들을 무지막지하게 잡아당기고, 행성들은 태양의 주위를 돌며 얻는 원심력으로 버티면서 각자의 거리를 유지한다.

두 천체 사이에 중력이 미치지 않는 지점이 있다. 태양과 지구 사이에 두 천체의 중력이 더하기, 빼기를 하면서 0이 되는 곳. 이걸 '라그랑주 포인트'라고 부른다. 라그랑주 포인트에 우주 정거장 같은 걸 세우면 구태여 지구와의 거리를 유지하려고 에너지를 쓰지 않아도 된다고 한다. 아무런 힘을 쓰지 않고도 우주 공간에 하염없이 떠 있을 수 있다니, 상상만 해도 멋지다.

라그랑주 포인트의 우주 정거장 안에 수영장이 있

다면 어떨까. 지구의 여느 수영장처럼 수영할 수 있을까. 우주 정거장의 중력이 물을 당기고, 물이 사람을 당긴다면. 그런데 라그랑주 포인트에서 우주 정거장 자체의 중력은 어느 정도의 세기일까. 갑자기 수학과 천문학의 정글로 끌려 들어간다. 복잡하고 혼란하고 어두컴컴하다.

코치의 우렁찬 목소리가 들렸다.

"오늘 운동은 여기까지 하겠습니다. 내일 뵙겠습니다."

그래, 지구에서의 수영이나 열심히 하자.

아슬아슬한 세상

5초나 됐을까. 내가 소리치고, 건너편 남성이 할머니의 외투를 잡아끌기까지.

겨울로 다가서는 11월은 해가 짧다. 오전 5시 40분쯤인데 캄캄했다. 가로등 불빛은 흐렸고, 쌀쌀한 날씨 때문인지 할머니는 검은색 외투를 걸치고 있었다.

인근 공사장을 다녀온 덤프트럭이 무서운 속도로 달려오는데, 횡단보도 불이 녹색으로 막 바뀌었다. 보행 신호를 못 봤는지, 보행자를 보지 못했는지, 미처 속도를 줄이지 못했는지 알 길은 없다.

트럭은 멈추지 않았고, 할머니는 우물쭈물 횡단보도 위에 섰다.

"어르신!"

눈 한 번 깜빡일 시간에 트럭은 쏜살같이 우회전해 지나갔다. 가슴에 손을 얹고 숨을 몰아쉬던 할머니는 그 신호에 건너지 못했다.

수영장 가는 길에 있는 성당은 왕복 6차선의 큰 도로를 끼고 있다. 인근에 공사장이 있다 보니 트럭 같은 큰 차들이 어두운 도로를 내달리곤 한다. 한쪽 다리가 불편해 보이는 그 할머니는 비슷한 시간대에 성당을 가면서 나와 반대 방향으로 횡단보도를 건넌다.

"지난번에 고마웠어요. 축복 많이 받아요."

"괜찮으시죠?"

이틀쯤 지나서였나. 수영장을 가다 마주쳤다. 멋쩍어서 새벽에 어두우니 조심하시라는 말만 건넸다.

그날, 짧은 순간에 많은 우연이 만나 충돌했었다. 내가 소리를 지르지 않았다면. 트럭에 가려서 할머니를 보지 못했다면. 보도로 잡아당긴 그 남자가 없었다면. 그날 수영장에 가지 않았다면.

우리가 사는 세상은 아슬아슬하다. 아주 하찮고 아무것도 아닌 게 모여 엄청남과 참혹함을 가른다.

"어이쿠."

누군가 내 왼쪽 무릎을 붙잡았다. 샤워를 마치고 탈의실로 올라가는 참이었다. 다음 시간대에 수영하는 한 남성이 급하게 계단을 내려가고 있었다. '물기 있어 미끄러울 텐데.' 하는 내 생각이 끝나기도 전에 수영 가방이 우당탕거리며 아래로 굴렀다.

"다치신 데 없어요?"

남자는 말을 뱉지 못했다. 샤워하던 사람들, 탈의실에 있던 이들까지 몰려들어 일으키고 여기저기 살

폈다.

"피 나거나 하는 외상은 없는데, 혹시 모르니 바로 병원 가보세요."

코치는 전화번호를 물어 적으며 신신당부했다. 이어 나를 보며 고개를 끄덕였다.

"회원님이 옆에서 머리 부딪치는 거 막으신 거죠?"

"아……. 음……."

그저 옆을 지나고 있었고, 우연히 내 무릎을 그 남자가 잡았을 뿐인데.

세상은 운과 우연에 취약하다. 운명이라 여기고, 우리 행위와 노력이 만든 필연이라 착각하지만, 꽤 많은 게 운과 우연이 쌓여 만들어진다.

하지만 우연들이 만나고 겹치고 혼합하며 일어난 일을 우연이라고만 할 수 있을까. 예측 불가능한 방식으로 영향을 주고받는다고 해서 운과 우연으로 보는 게 맞나. 우리가 사는 세상은 수수께끼다.

영국 음악가인 에드워드 엘가는 마흔 넘어 '수수께끼 변주곡'으로 명성을 얻었다. 자신과 아내를 포함해 주변 사람을 빗대 만든 관현악 작품인데, 변주곡마다 제목에 이름 이니셜을 붙였다. 누구를 연상하며 만들었는지 힌트를 주는 셈이다. 다만 14개 변주곡 가운데 13번째에는 아무런 표시가 없다. 그래서 많은 해석과 추측이 뒤따른다.

    단서를 남기지 않은 대신 엘가는 "수수께끼는 어디까지나 그 자체로 수수께끼다."라는 말을 남겼다. 세상은 수수께끼라서 신비롭고 아슬아슬하고 아찔하다.

낡은 수영복

유난스럽다. 이게 뭐라고, 손에서 잘 떨어지지 않았다. 있는 정, 없는 정이 든 것도 아닌데. 고작 수영복 하나인데. 가방을 쌀 때부터 망설일 건 뭐였담. 입지도 않을 건데, 어차피 버릴 건데. 주섬주섬 챙긴 이유를 모르겠다. 샤워하다 한참을 바라봤다. 버릴까 말까. 조금 더 입어 볼까 말까.

쓰레기통에 넣는 손이 움찔거렸다. 그동안 숱하게 입었고 버렸는데 이번에는 왜 이러지. 이건 어떤 감정이라고 해야 하나.

모두 그런 건 아니지만, 수영을 시작할 때부터 수영복 2개를 돌려 입었다. 소독약 때문이라느니, 매일 입으면 더 빨리 늘어난다느니 하면서 하루씩 바꿔 입는 게 맞는다는 얘기를 들었던 것 같다. 교체 주기는 대략 2년. 한창 수영에 빠졌을 때엔 1년 6개월이면 바꿔야 했다.

수영복은 잘 찢어지지 않는다. 저항을 줄이려고 꽉 조이게 입고, 그래서 시간이 지날수록 늘어난다. 남자 기준으로 다리 부위, 특히 골반과 허벅지가 만나는 지점이 주로 늘어난다.

사실 진즉에 버렸어야 했다. 늘어난 지 한참인데 몇

달을 붙잡았다. 코로나19 팬데믹 직전에 샀으니 5년쯤 묵었다. 그동안 낡지 않아도 일부러 바꾸며 수영복 교체에 적극적이었다. '새로운 마음에는 새 수영복' 식이었다. 그런데 이 수영복에는 왜 미련을 남겼을까.

따지고 들면, 코로나19로 수영을 쉰 기간이 제법 된다. 그 뒤에는 바쁘다는 핑계로, 어깨 아프다는 이유로 수영에 열성이지 않았다. 그러니 낡는 정도가 덜했을 법도 하다. 그래도 5년 가까이 입은 건 기록이다.

아마도 사라짐을 무서워한 게 아닐까. 좀 길게 입다 보니 나도 모르게 감정 이입을 했고, 이걸 버리면 5년의 시간이 훅하고 잊힐까 두려웠나 보다. 특별하지 않은 보통의 하루이지만, 쌓이고 쌓여 두툼해진 시간들. 아픔, 즐거움, 행복한 기억들이 모여 그 질량만큼의 형체를 갖춘 시간들.

나이를 먹으면서 자주 찾아오는 감정도 사라짐에 대한 두려움인 것 같다. 지나온 시간과 추억, 인상적인 장면들, 애증을 나눈 사람들이 잊히는 건 슬픈 일이다. 잊힘의 대상이 내가 되는 건 더 두렵다. 지나쳐 가고, 흘러가고, 잊히기도 하는 게 세상 이치인데도.

출근길 지하철에서 휴대전화를 꺼냈다. 화면에 촤라락 신상 수영복들이 뜬다.

자, 검색 조건을 '쇼트 사각'으로 하고, 가격대는……

이런, 낡은 수영복을 보며 했던 애잔한 생각들은 어디로 가고. 그렇지 뭐. 잊히는 건 잊히는 대로 두고 '오늘의 나'를 살아가는 걸로.

인생은 짧고 수영은 길다

"당분간 제가 이 반을 맡게 됐습니다. 열심히 해보겠습니다."

한창 수영에 재미가 붙은 중급반 시절에 혹독하기로 소문난 수석 코치를 만났다. 그는 운동량이면 운동량, 자세 교정이면 자세 교정, 무엇이든 단내 나도록 밀어붙이기로 유명했다. 그의 '당분간'은 1년이나 이어졌다.

"1번 회원님, 팔 모양 이상합니다."

혹독한 수련을 반년가량 거치면서 제법 틀을 잡았다고 자신했었다. 유심히 보던 그가 나를 불렀다. 팔로 누르고, 몸이 회전하면서 물을 밀고, 수면 위로 돌리면서 팔을 꺾고, 앞으로 펴면서 팔을 물에 넣는 연결 동작이 엇박자라고 했다.

"한쪽 팔이 입수할 때 다른 팔은 물 누르기에 들어가야 합니다. 매끄럽게 연결해야 하는데, 멈칫거리시네요."

머리는 이해했는데, 몸은 따로 논다.

"천천히 구분 동작 하겠습니다. 다른 분들도 따라 하세요."

하나하나 뜯어서 하니 더 이상해 졌다. 보지 않아도 내 몸이 뒤뚱거리는 걸 알았다. 하던 대로가 편한데 왜 자꾸 고치라고 할까. 명색이 1번인데, 창피하게 지적만 받네.

한참 뒤에야 자유형 팔동작에 정해진 규칙은 없다는 걸 알게 됐다. 자유형 팔 자세를 교정하는 건 최소의 힘으로 최대 효율을 내기 위해서다. 자유형은 다른 영법보다 더 속도를 추구한다. 속도만 붙잡을 수 있다면 자세는 그다지 중요하지 않다. 자유형이라고 가르치는 자세는 '크롤'이라 불리는 영법이다. 남미 원주민의 헤엄 동작을 본떴다고 한다. 크롤에서도 사람마다 발차기는 물론이고 팔동작이 미묘하게 다르다. 도쿄올림픽 남자 자유형에 출전한 황선우 선수처럼.

황 선수가 사용하는 걸 '로핑 영법'이라고 부른다. 양팔 리듬은 엇박자다. 왼팔이 입수할 때 오른팔이 물을 눌러서 당기는 게 아니라, 이미 물 밖으로 나오기 시작한다. 반 박자 빠르게 오른팔을 써서 속도를 올리는 셈이다. 왼손잡이는 반대로. 로핑 영법에선 몸통 회전의 균형이 깨질 수 있어 발차기를 강하게 해야 한다.

마스터반 가운데 '고인 물 레인'으로 통하는 우리 레인도 자유형 자세가 제각각이다. 옆으로 올라오는 사람, 한쪽 팔만 꺾는 사람, 박자 엇갈리는 사람. 어느 정도 속도를 낼 줄 아는 데다 수력(수영 경력)이 꽤 돼서 코치는 딱히 지적하지 않는다. 오로지 속도와 거리를 얘기할 뿐.

'고인 물 레인'에서 한때 로핑 영법이 화제로 떠올랐다. 황선우 경기를 보고 나서였다. 속도 욕심이 여기에 불을 붙였고. 100m쯤 갔었나. 다들 고개를 절레절레 흔들었다. 결론은 우리가 선수도 아니고. 다들 자기만의 헤엄으로 돌아갔다.

그래도 한 가지는 분명해졌다. 자세가 이상하다고 수영이 아닌 건 아니다. 비틀거려도 앞으로 나아가면 된다는 것. '수영'의 자리에 '인생'을 넣어도 말이 된다.

몇 해 전, 고등학교 동문회 저녁 자리에서 한 선배가 물었다.

"아직도 수영해? 어깨 아프지 않아? 나는 어깨 때문에 10년 하다 접었어."

그때는 답을 못 했지만, 지금은 말할 수 있다.

"선배님, 인생은 짧고 수영은 깁니다. 대충 하셔도 됩니다. 즐기세요."

계속하는 이유

"수영장을 옮겨볼까?"

"3개월 정도 쉬는 건 어때?"

갑자기 철인 3종 준비하는 사람이 늘면서 우리 레인이 빡빡한 '운동량 레인'으로 변했다. 체력은 달리고, 자세는 하염없이 무너졌다.

이 상태로 수영장 다닌 지 6개월쯤 지났을 때였다. 어깨가 아픈 데다, 회사 인사이동으로 업무량이 폭주하면서 수영하는 게 너무 힘들었다. 자유형 20바퀴를 하라고 하면 네 바퀴 돌고 한 바퀴 쉬고를 반복했다.

견디다 못해 비장의 한 수를 썼다. 옆 레인으로 이사. 거짓말처럼 수영이 편안해졌다. 자세면 자세, 거리면 거리, 속도면 속도. 이렇게 편한걸. 두세 달 외도하다 돌아갔다. 그리고 제자리걸음. 신기하게도 원점으로 회귀. 자유형, 배영, 접영, 평영 되는 게 없으니 수영장 가는 건 고역이었다. 이건 아닌데. 수영이 '노동'이 되면 안 되잖아. 결단이 필요하다 여겼다.

아내에게 상황과 이유를 구구절절 읊었다. 딱히 설명할 필요 없는데도. 솔직하게는 스스로 납득할 만한 근거가 필요했던 거다. 11년을 함께한 수영과 헤어져야 할 이유.

결국 수영장 옮기기는 실패했다. 가려는 곳 상급반에 빈자리가 나오질 않았다. 그렇다고 초급이나 중급반으로 가는 건 민폐이고. 아예 쉬겠다는 쪽으로 마음이 20%쯤 기운 날, 퇴근하다 수영 강습 영상을 보게 됐다. 동영상 앱에서 수영, 자유형 등으로 검색을 하긴 했지만. 신통방통한 알고리즘.

그런데 수영을 좋아하는 이유나 수영을 해야 하는 이유는 몇 가지나 될까. 깊은 생각 없이 꼽아보기 시작했다.

우선, 수영하면서 허리가 아프지 않게 됐다. 사무실 의자에 오래 앉아야 하고, 노트북 작업이 많은 직업이라 허리 통증을 달고 살았는데, 수영을 시작하면서 말끔해졌다.

둘째, 불면의 밤이 사라졌다. 낮에 있었던 일과 사건, 말, 사람을 되새김질하는 빈도가 확 줄었다. 몸이 너무 고단해서 낮의 분노, 빡침, 부끄러움, 질투, 어설픔, 환호 등을 다시 떠올릴 겨를도 없다. 머리를 눕히면 바로 꿈나라로.

셋째, 수영은 하루의 도움닫기다. 어둡고 습한 정글에서 멀리, 높이 뛰기 위한 도움닫기. 피곤하지만 나에겐 출근 지하철과 점심 후 쪽잠이 있지.

넷째는 으쓱거림. 어깨가 참 넓다거나, 나이에 비해 날씬하다거나, 생각보다 몸이 탄탄하다는 말을 들을 때마다 어깨에 뽕 하나 더 붙는다. 이 맛에 수영하는 거지.

다섯째, 잊음. 물속에 들어가면 오직 호흡, 숨을 쉬기 위해 모든 걸 잊게 된다. 복잡한 인간관계, 꼬여 있는 회사 업무, 아이들 입시 문제 같은 건 까마득해진다.

여섯째는 시선 강탈이다. 숨이 턱에 닿도록 물을 가르다 보면 다른 사람에게 신경 쓸 틈은 없다. 배불뚝이든, 우스꽝스럽든. 모든 시선은 수영으로 쏠린다.

일곱째, 알록달록 무늬의 옷을 언제 입겠나. 형광색 꽃무늬에 커다랗게 그림이나 글자를 박은 수영복을 입고, 수모를 쓰면 까닭 모를 희열도 느낀다.

여덟째, 자존감을 준다. 하잘것없고 보잘것없지만, 나에게 이만한 시간과 노력을 들인다는 알량한 자존감이 하루를 버티게 한다.

아홉째, 폼 난다. 휴양지를 가면 할 수 있는 게 많다. 윈드서핑, 다이빙, 스노클링……. 여전히 바다는 무섭지만, 폼 나게 놀 수 있다. 야외 수영장 딸린 호텔에 묵는다면 금상첨화. 고즈넉한 아침이나 땅거미 내려앉는 초저녁에 접영하는 모습은 상상만으로도 떨린다.

열 번째……, 이거 계속해야 하나. 하나하나 이유를 세다 보니 수영을 쉬면 큰일 날 것 같은데.

마침 내릴 역을 알리는 방송이 흘러나왔다. 다시 열심히 하겠다고 마음먹은 걸 기념해 수경을 바꾸자. 에스컬레이터 앞에 멈춰 온라인 결제까지 해버렸다. 그러고 나니 퇴근길이 깃털 같다. 이토록 경이로운 변덕과 촐싹거림이라니.

풍경

새벽길의 주인은 새다. 분주한 먹이 활동으로 뿌옇게 뜨는 하루를 연다.

멀리서 봐도 비둘기 대여섯 마리는 됐다. 가까이 가 보니 비둘기에 참새까지.

돌아갈까? 만물의 영장이라는 인간인데 자존심이 있지. 일부러 크게 발소리를 냈다. 비켜줄 거라 기대하지 않았지만. 그러면 그렇지, 꿈쩍 않는다. 사람한테 신경조차 쓰지 않는 게, 절대 자신을 해치지 못한다고 확신하는 눈치다. 누가 '새 대가리'라는 말도 안 되는 말을 만들었나.

어쩔 수 없이 돌아가려는데, 자전거 한 대가 쏜살처럼 달려왔다. 어, 어……. 본체만체하던 비둘기들은 30㎝ 정도 뛰어오르더니 옆으로 사뿐히 내려앉는다. 자전거의 이동 경로를 알고 피했다는 의심이 들었다. 쟤들은 날짐승인가, 들짐승인가.

각자의 시간을 각자의 방식으로 알뜰하게 보내는 건 사람도 마찬가지다. 새벽길에서 마주치는 이들의 얼굴은 크게 두 단어로 나눌 수 있다. 피곤과 생기.

일터로 나가는 얼굴들은 살짝 굳어 있기 마련이다. 피로를 다 씻어내지 못했는지 걸음걸이는 무겁고 어깨는 고단하다. 옆으로 환경미화원의 비질이 부지런히 지나간다. 어제의 흔적을 쓸어 담으며 열어준 오늘 위로 하나둘 출근을 서두른다.

동시에 새벽길에는 활기도 남다르다. 반려견과 산책 나선 사람, 배드민턴 라켓을 챙겨 뛰는 사람, 자전거 라이딩 복장으로 한강공원으로 달리는 사람, 손을 꼭 잡고 산에 오르는 노부부.

"행복한 아침입니다."

성당 앞을 지나치는데, 백발의 노신사가 청소하다 말고 인사를 건넸다. 보통 좋은 아침이라고 하지 않나? 사제복을 입은 걸 보니 신부님이시네.

"좋은 아침입니다."

답을 하고 갈 길을 가는데 괜히 기분이 가벼워진다.

수영장 앞으로 500m가량 쭉 뻗은 길에 들어섰다. 은행 냄새가 진동한다. 어제 바람이 불더니 많이 떨어졌나 보다. 밟을까 봐 요리조리 피해서 걷는다. 은행나무 말고 다른 걸 심지. 해마다 냄새에 낙엽에 다들 고생하는데. 괜하게 투덜거리다 결국 밟았다. 잠깐인데도 콧속으로 냄새가 파고든다. 은행 열매 하나가 맺히

기까지 견뎌온 시간의 나이테도 함께 스며들었다. 은행나무는 매년 잊지 않고 결실을 만드는 동안 난 무얼 했나.

둥지를 찾아들 듯 모인 사람들이 하나둘 물속으로 들어왔다. 벌써 앞뒤 사람과 얘기를 나누는 이도 있고, 아직 잠이 덜 깬 표정의 이들도 있다. 코치의 호루라기 소리에 언제 그랬냐는 듯 힘차게 물살을 가른다. 그렇게 우리 모두의 기적 같은 아침이 시작한다.

화려하지만 자연스럽게

"안녕하세요. 수경 바꾸셨네요."

평소에는 다른 이와 눈도 잘 맞추지 못했는데, 그날은 내가 먼저 인사를 건넸다. 다들 이 사람이 왜 이러지 하는 표정이었다. 4년을 같은 레인에서 수영했는데도 한마디 붙이지 않더니, 무슨 바람이 불었지 싶었나.

"좋은 일 있나 봅니다. 컨디션도 좋아 보이시고."

우리 레인의 총무 역할을 하는 회원이 반갑게 받아 준다. 늘 활달하고 분주한 그는 슬쩍슬쩍 나를 엿보기도 했다.

"오늘 자유형 30바퀴 될 건데, 괜찮으시죠? 이번 주에 자주 안 나오셔서 체력을 꽤 비축했을 것 같은데."

"그럼요. 괜찮습니다. 가시죠."

그런 날이 있잖나. 이유 없이 흥겹고 즐겁고 몸이 가벼운 날. 나이라는 숫자가 무거워지면서 빈도는 줄었지만, 그날이 오랜만에 찾아왔다. 알람 울기 10분 전에 잠에서 깨면서 예감이 왔다. 형용할 수 없는 상쾌함이 등을 떠밀었다. 수영장까지 가는 내내 저절로 콧노래가 나왔다. 전날 잠들기 전에 들었던 곤도 마사히코의 '긴기라기니 사리게나쿠'.

1980년대 부산은 일본 문화와 제품을 빨아들이는

빨대였다. 항구인 데다 일본과 가깝다는 특성 때문인지, 일본 문화와 제품 수입은 불법인데도 초등학생조차 일본 가요를 따라 불렀다. 최고 인기는 '긴기라기니'. 집 근처 롤러장은 물론이고 불법 복제 카세트테이프를 파는 노점에서도 흘러나왔다. 알아듣지 못하는 일본어인 탓에 제멋대로 가사를 붙였지만, '긴기라기니'라는 구절만큼은 합창했을 정도였다.

우연하게 다시 만났다. 일본 가요를 번안한 노래들을 알아보다가 이 노래와 맞닥뜨렸고, 제대로 된 제목과 가사를 40여 년 만에야 알게 됐다. 어릴 적 향수에 여러 차례 듣다 보니, 수영하는 중간에 "긴기라기니~ 사리게나쿠~" 흥얼거리게 됐다.

자유형 오른팔 꺾으며 "긴기라기니", 숨 쉬며 왼팔 꺾을 때 "사리게나쿠". 얼추 박자가 들어맞았.

30바퀴면 1,500m인데, 웬일로 한 번도 쉬지 않고 돌았다. 발차기는 한없이 부드러우면서도 힘차고, 팔동작은 화려하지만 자연스럽게 느껴졌다. 노래 제목도 우리말로 '화려하지만 자연스럽게'이지 않나.

성취감에 들떠 마무리 수영(다운 스윔)으로 접영을 해볼까 하는데, 1번 회원이 물끄러미 나를 쳐다봤다. 우리 레인 부동의 1번이자 새벽 6시 시간대 최고 실력자인 그녀.

"많이 들어본 리듬인데, 무슨 노래인가요?"

입 밖으로 소리가 샜나 보다.

일본 노래이고, 제목은 어떻고 간략하게 설명하는데, 총무가 아는 노래라며 신나게 불렀다. 흥에 겨웠는지 1번 회원이 갑자기 "아싸"라고 외치며 물속에서 춤을 췄다. 그리고 깜짝 제안.

"접영 25m 갔다가 자유형 25m 오는 걸로 네 번 하겠습니다. 다들 괜찮죠?"

이건 무리인데.

노래 한 소절 덕분에 금요일의 '오리발 장거리 수영'은 뻐근하게 끝났다. 울타리를 조금 열었더니 많은 게 찾아왔다. 여전히 서툴고 모르겠지만, 인생도 수영도 조금 더 보이게 됐다.

장비욕심

알록달록한 쇼트 핀들이 눈길을 붙잡았다. 이걸 신으면 수영이 더 잘될 것 같은데. 쌩쌩 달릴 수 있을 텐데. 지금 쓰고 있는 롱 핀은 낡아서 바꿀 때가 됐어. 아내한테 뭐라고 설명하지? 솔직하게 말할까, 아니면 슬럼프라고 할까.

정해진 주기가 있는 건 아니지만, 가끔 슬럼프가 찾아온다. 발차기는 안 되고, 팔동작은 엉성하고, 호흡마저 어설프게 느껴지면 그게 슬럼프다. 심리적 이유일 텐데 대부분 인정하지 않는다. 그래서 원인을 장비에서 찾는다.

수영에 무슨 장비가 있냐고 하겠지만, 수영도 '장비발'이다. 남자 수영복은 길이에 따라 5부, 사각, 쇼트 사각, 삼각으로 나뉘고 강습용과 선수용을 따진다. 수모도 여러 가지고, 수경은 고무 패킹이 있고 없고가 중요한 지점이다. 오리발이라 부르는 핀은 롱 핀, 쇼트 핀으로 갈리는데 브랜드별 종류가 다양하다.

다니는 수영장을 기준으로 금요일에 챙겨야 할 장비는 수영복, 수모, 수경, 롱 핀, 센터 스노클이다. 가장 바람을 많이 타는 장비는 단연코 수영복. 갑자기 밝은 색상으로 바꾸고 싶어서, 차분한 단색 계열에 눈이 가서 새것을 주문하기도 한다. 핀이나 센터 스노클은 한 번 사면 오래 쓴다. 이걸 바꾸고 싶다는 마음이 들면 심각한 슬럼프다.

"오리발 사고 싶구나. 오래 신기는 했지. 이게 괜찮아 보이는데."

흘깃 휴대전화 화면을 훔쳐본 아내가 결재와 결제를 했다. 20년을 함께 살았으니 내 머릿속을 환하게 알 법하지.

신상 유효 기간은 길어봐야 일주일. 장비를 바꾼다고 없던 수영 실력이 생기지 않는다. 알면서도 온라인 쇼핑몰을 기웃대는 건 순전히 욕심이다. 욕심 뒤에 숨은 환상 때문이기도 하다.

그래도 새 롱 핀이 배달될 때까지 가슴이 두근두근했다. 새 걸 신으면 지금보다 배는 빠르게, 오래 수영할 수 있다는 착각에 빠져.

이런, 갑자기 운동화가 눈에 왜 들어오지? 운동화를 사야 할 이유가 마구 샘솟았다. 이러면 안 되는데. 아내 눈치를 보다 슬그머니 휴대전화를 껐다.

5만 원짜리 롱 핀은 주문, 배달과 착용 기간까지 더해 3주가량 즐거움을 줬다. 앞으로도 슬럼프는 계속 찾아오고 장비 욕심은 사라지지 않겠지만, 소소한 일상에 윤기가 났다. 다만 슬럼프가 자주 오지 않았으면 좋겠다.

마스크

"흡, 흡, 파아~."

다들 숨을 쉬느라 정신없었다. 물속에서 글라이딩 자세로 밀고 나아가고, 한쪽 손으로 물을 잡기까지는 무난했다. 문제는 호흡. 얼굴을 옆으로 돌려 입으로 들이마셔야 하는데, 물을 잔뜩 머금은 마스크가 입과 코에 착 달라붙었다. 숨을 조금만 쉬든지, 아예 참든지, 어떻게든 헤엄을 쳐보겠다고 안간힘을 썼다. 하지만 인간에게 숨이 얼마나 중요한지만 뼈저리게 느꼈다.

코로나19 팬데믹 기간에 수영장은 두 달 정도 문을 닫았다. 개인 사정으로 수영을 빼먹는 건 괜찮은데, 바이러스 때문에 강제로 멈추자 어찌나 아쉽던지. 몸이 근질근질했었다. 이렇게나 수영이 일상에서 중요한 자리를 차지하고 있었나 싶었다. 다시 문을 연다는 문자 메시지를 받자 괜스레 설렜다.

수영장에선 '수영 중 마스크 착용'을 공지했다. 마스크를 쓰고 수영하라고? 의아했지만, 어쩌겠나 마음은 이미 물살을 헤치고 있는데. 서둘러 온라인 쇼핑몰을 뒤져 방수 마스크를 주문했다. 배달된 걸 보니, 쓰고 수영해도 되겠다 싶었다. 두께가 0.1mm나 되려나. 얼굴에 착 붙고, 방수라서 호흡하는 데 큰 지장은 없겠지.

예상이 깨지는 데 5분도 안 걸렸다. 자유형 25m를 가면서 중간에 일어서는 사람이 많으니, 코치는 난감했나 보다.

"헤드업 평영 50m 가겠습니다."

머리를 들고 하는 수영인 헤드업. 하지만 이것도 임시방편일 뿐이었다. 방수라서 그런지, 마스크와 얼굴 사이로 파고든 물은 빠져나가지 않고 호흡을 방해했다.

"안 되겠네요. 마스크 벗으시고 5m 정도 간격을 두고 떨어지세요."

"대화 나누지 마세요. 절대로!"

길이 25m 레인에서 5m 간격으로 줄을 서니, 끝에서 끝까지 딱 5명이 서게 됐다. 마침 수영을 나온 사람도 5명.

"차례로 자유형 출발을 하시고, 100m쯤 돌다가 1번부터 다시 지금 위치에 멈추세요."

이렇게까지 해야 하나 싶었지만, 안절부절못하는 코치를 봐서 참았다. 1번 회원이 100m를 돌면 2번은 95m, 3번은 90m를 수영하는 셈인데, 그래도 다들 만족하는 눈치였다. 운동이 끝나고 벗어둔 마스크를 챙겨서 쓰는데 눈으로 환하게 웃었다.

이튿날 사정도 비슷했다. 대신 코치를 빼고 모두 입수할 때 마스크를 벗었다. 누구 하나 빼놓지 않고 모두 맹렬하게 물살을 갈랐다. 그동안 어떻게 참았나 싶을 만큼. 그날 오후 수영장에서 문자를 보내왔다.

'방역 당국에 문의한 결과, 수영 중에 마스크를 착용하지 않아도 된다고 합니다.'

한바탕 마스크 소동이 있었지만, 모두 들뜬 표정을 감추지 못했다. 중급반의 한 회원은 샤워하다 말고 "코로나19도 못 말리는 수영 사랑"이라고 했다. 너무 익숙해서 하찮게 여겼던 일상이 소중하게 다가왔다고 말하는 이도 있었다.

우리 일상은 더없이 허약하고 깨지기 쉽다. 눈에 보이지 않는 바이러스에 모든 게 무너지지 않았나. 동시에 하잘것없는 일들로 채워지는 일상은 회복력이 좋다. 부서져 산산이 흩어져도 금세 복원한다. 하잘것없는 일들이 그걸 가능하게 만든다. 수영처럼.

스컬링

지쳤다. 쉴 새 없이 떠든 탓도 있겠지만, 유난히 힘들었다. 주고받는 말들이 들고나지 않고 내 주위를 맴돌다 지나쳤다. 다들 앞으로 뒤로 흘러가는데 난 제자리에 가라앉은 느낌. 나이 차 많이 나는 후배들이라? 너무 오랜만에 만나 어색해서? 혼자 얘기를 꺼내느라? 택시를 타고 귀가하는 내내 드는 찜찜함. 딱히 잘못된 건 없는데, 이 묘한 기분은 뭘까.

사람과의 관계에서 가장 중요한 건 드러내지 않음이라 배웠다. 숱한 시행착오와 다툼, 경험으로. 이게 무작정 나를 숨기는 게 아니라 과도한 자존심이나 자만 같은 걸 빼라는 의미임을 나이 오십에야 알았다. 일종의 힘 빼기.

모든 운동에서 힘 빼기는 필수다. 쓸데없는 힘을 빼고, 쓸모 있는 힘을 더하는 건 수영도 마찬가지다. 수영에서 힘을 가장 많이 주는 지점은 물 잡기다. 효율적으로 물을 잡고 밀어 추진력을 얻어야 하는데, 엄하게 힘을 쓰기 마련이다.

물 잡는 감각을 기르기 좋은 스킬은 스컬링sculling이다. 손을 옆으로 밀고 당기고, 혹은 앞으로 뒤로 밀고 당기는 동작인데, 손으로 노를 젓는다고 생각하면 된다. 발차기를 하지 않는 상태에서 엎드리거나, 드러누워 스컬링을 하면서 전진하는 건 지금도 힘들다. 하물며 스컬링만으로 제자리에 떠 있는 건 범접하기 힘들다.

지독하게도 스컬링을 못해 안달복달하던 시절, 코치는 힌트라며 욕심, 의욕을 버리라고 했다.

"떠 있으려는 욕심, 앞으로 가려는 의욕이 넘치니 온몸에 힘이 들어가고 자꾸 가라앉는 거잖아요. 편안하게! 부드럽게!"

의욕조차 버리면 어떡하라는 거지? 버리고 포기하는 게 됐다면 진즉에 수상 안전 요원 자격증을 땄을 거야.

스컬링의 핵심은 손을 저어 몸 주위에 물의 흐름을 만들고, 그 흐름에 몸을 맡기는 거다. 힘을 줄수록 수영장 바닥과 친해지게 된다. 물론 말은 쉽고 현실은 멀다. 몸은 허접하고 의욕은 넘친다.

의욕은 과욕으로 흐르기 쉽다. 과욕이 무서운 건 그 대상이 바깥으로 향할 때다. 타인을 바로잡겠다는 오만과 다른 이는 틀렸다는 편견을 잉태하면 폭력으로 변질한다. 적어도 내 경험에 비추면.

어느 날 출근 지하철에서 임산부석에 앉은 중년 남성을 봤다. 체구는 컸고, 얼굴은 사나웠다. 바로 앞에 임산부 배지를 달고 있는 임부를 본체만체. 눈을 감고 있기만 했다. 헛기침, 눈총, 수군거림……. 못마땅하긴 한데, 말을 붙이기는 힘들고. 그러다 앉아 있을 만한 이유가 있지 않을까 하는 생각에 닿았다.

스무 해 전쯤의 일이다. 초겨울이고, 자정에 가까운 시간이었을 거다. 대여섯 명이나 타고 있었을까. 쌀쌀한 공기만 맴도는 버스에 나이 지긋한 남성이 탔다. 약주 몇 잔을 했는지 얼굴은 불콰했다.

"젊은 사람이 이러면 돼? 하고 많은 자리 두고 왜 여기에 앉아 있어. 멀쩡한 몸뚱어리 두고 노약자석에. 에잉~. 공경도 배려도 없고. 세상이 뭐가 되려고."

충분히 공감할 만한 얘기였다. 다만 굳이 바로 앞에 서서 길게 얘기할 건 아닌데.

노약자석에 앉은 청년은 창밖만 봤다. 한마디 대꾸 없이. 이때 과욕이 오만과 편견으로 변신했나 보다. 수많은 욕설을 섞은 거친 말이 쏟아졌다. 그러거나 말거나, 청년은 말이 없었다.

다음 정류장이 다가오고, 하차 벨이 울렸다. 일

어나서 문까지 5초 정도 걸릴까. 주춤주춤하던 그는 다리를 심하게 절었다. 버스 안은 쥐 죽은 듯 고요해졌다.

그때의 일이 기억나자 힘을 빼자 마음먹었다. 눈을 돌려 엄한 휴대전화만 뚫어져라 봤다. 아무 말도 행동도 말자. 어딘가 불편하겠지. 무슨 사정이 있겠지. 얼굴만 봐도 무섭기는 하잖아. 다들 가만히 있는데 뭐.
"띠리리리~."
내릴 역을 알리는 방송과 함께 임산부석 아저씨가 일어났다. 그것도 벌떡.
너무 힘을 뺐나. 헛기침이라도 한 번 더 할걸. 아직도 힘쓸 곳과 아닌 곳, 과욕과 오만을 구별하지 못하는구나. 이러니 스컬링도 형편없지. 그래도, 아저씨 인상이 너무 험악하긴 했다.

일주일을 다린다

변화는 사소한 지점에서 더 뼈저리게 다가오나 보다. 베란다 빨래걸이엔 늘 수영복 4개, 수모 2개, 수경 2개가 널려 있었다. 오리발도 수영 가방도 2개씩. 그게 절반으로 줄었다. 그렇게 된 지 5년을 넘어 익숙할 만도 한데, 가끔 낯설다.

아내의 암 진단 이후 우리 가족의 일상은 미묘하게 달라졌다. 희미한 긴장감이 늘 배회했다. 수술과 항암 치료에 들어가면서 아내는 5년간 함께했던 새벽 수영을 접었다.

나도 그만두려 했지만, 아내가 만류하는 통에 다시 수영장을 드나들던 2월쯤이었다. 볕 좋던 어느 주말에 물끄러미 창밖을 보다 주섬주섬 아내의 수영복을 장롱으로 치웠다. 마음이 무거웠지만, 가라앉지는 않았다. 손끝에 잘 마른 와이셔츠 소매가 툭 닿았다.

늘 해왔던 일인데, 유난을 떨었다. 다림판을 정성스레 펴고, 심호흡을 크게 한 뒤 다리미를 꾹꾹 눌렀다. 사라지는 주름 하나, 사라지는 근심 하나, 또 주름 하나, 두려움 하나⋯⋯. 환한 햇살이 싫어서 더 세게 다렸다. 구겨진 일주일도 함께.

그날 이후로 다림질은 주말마다 치르는 성스러운 의식처럼 됐다. 반듯하게 잘 다리려는 건 아니다. 그저 다림질을 지나오고 다가올 시간 사이 징검다리쯤으로 여겼다. 부대끼고 후줄근해진 일주일과 기대하고 소망하는 일주일 사이에 놓인 디딤돌.

자디잔 일상은 반복에서 힘을 얻고, 낱낱의 순간은 평범해서 위대한가 보다. 다림질의 지위 승격은 빨래, 설거지, 청소, 산책, 커피, 수다 같은 단어에 다채로운 색을 더했다. 그중 가장 아끼는 건 집 근처 식물원 산책이다. 살짝 비가 뿌리든, 햇볕이 쨍하든, 달리다시피 빠르게 걷든, 느릿느릿 움직이든.

"산책 갈래요?"

시작은 이 한마디였다. 영하의 날씨면 어때. 꽝꽝 언 호수 주위를 돌면서 멋지다는 단어를 떠올렸다. 봄을 기다리는 나무들도, 긴 항암 치료의 시간을 견딘 아내도 멋졌다.

쉼표에서 느낌표로

삶이라는 한 그루 나무의 나이테를 켜켜이 채우는 건 우연일까, 필연일까. 일상을 구성하는 크고 작은 사건들은 우연과 필연 사이에서 진자 운동을 하는 듯하다. 우연들이 쌓이고 쌓여 필연으로 굳어지고, 필연으로 채 자라지 못한 것들은 우연으로 남는다.

"○○○을 통해 부탁드렸던 △△△이라고 합니다."

늦은 오후, 전화 한 통이 왔다. 에세이 '나에게' 시리즈의 출판을 기획 중이라고 했다. 취미나 집착이 바꾼 삶과 일상을 주제로. 수영하면서 느끼는 즐거움, 일상의 깨달음 같은 걸 글로 써보자고 권유했다.

가장 먼저 찾아온 감정은 막막함이었다. 수영을 연결 고리로 무얼 쓸 수 있을까. 글을 쓸 만큼 즐기고 있는 걸까. 수영은 나에게 어떤 의미일까. 온갖 물음표가 머릿속을 헤엄쳤다.

이걸 우연이라고 해야 하나, 필연이라고 해야 하나. 원고 청탁 전화를 받기 일주일 전부터 수영에 쉼표를 찍자고 생각했었다.

이전에도 잠깐 쉬자는 생각을 종종 하긴 했지만, 이번에는 꽤 진지했다. 수영을 좋아하고 즐기는 이유가

100가지라면, 수영을 쉬거나 그만둘 이유는 꼽아봐야 한 가지 정도에 불과하지만. 그래도 재미없어지고 심드렁해졌다는 건 꽤 큰 타격감을 안겼다.

습관처럼 일어나고 수영장으로 가지만 즐거움이나 열정은 돌아오지 않았다. 충분히 자지 못해 피곤하다거나, 어깨 통증이 심해졌다 같은 핑계들이 덕지덕지 덧붙었다.

'햇수를 세어보니 11년이나 되네. 그래, 쉼표를 찍을 때가 되긴 했어. 그래도, 마침표는 아니잖아.'

크게 아쉽지도 않았다. 서너 달 쉬어 보자는 쪽으로 무게추가 기울었다.

그러다 전화를 받았다. 글로 먹고사는 처지에 자신 없다고 말할 수 없었다. 개요를 설명하는 이메일을 받고 나서, 수영은 나에게 어떤 의미일까 궁리했다. 어떤 계기로 수영을 시작했는지, 그동안 어떤 일을 겪었고 무엇이 재미있었는지. 지금 나에게 수영은 얼마의 무게를 갖는 존재일지.

그냥 수영은 수영일 뿐이지 않나. 물살을 가르면서 땀 흘리는 게 즐거울 뿐인데, 여기에 대단한 의미를 덧대야 하나. 내가 수영을 바라보는 눈길이 다른 이에게 감동이나 즐거움을 줄 수 있을까.

두려움을 잊는 지름길은 저지르는 거다. 손 가는 대로 긁적이며 일곱 편을 써서 이메일을 보냈다. 감을 잡아보겠다는 건 포장일 뿐이고, 한 줄씩 쓰다 보니 그저 즐거웠다. 이렇게 빠져드는구나.

매일 수영을 마치고 집까지 걸어오면서 온갖 사소하고 시원찮은 일상들을 곱씹었다. 이렇게 정리할까? 저렇게 붙이면 나을 텐데. 이 얘기는 식상한데, 이건 어떨까.

시작은 뭐라도 써보자였는데, 어느 지점을 지나면서 수영이 곁으로 돌아왔다. 수영이 재미있고, 수영장 가는 길이 즐거워졌다. 작은 글감 하나 생기지 않아도 괜찮아. 읽는 맛이 1%도 없는 글을 썼다면 지워버리면 그만이지. 이 순간이 마냥 즐겁고 감사해.

우연들이 겹치면서 만들어지는 건 필연이 아닐 수도 있다. 필연이라고 믿고 싶거나, 착각일 수도 있다. 수많은 우연 사이에 자리한 필연을 가려낼 만큼 지혜롭지도, 눈이 밝지도 않다.

하지만 물살을 가르는 내가 나에게 말한다.

"이대로도 괜찮아. 지루한 일상이 쉼표와 마침표 사이에서 쳇바퀴를 돌다 느낌표를 찾았으니."

수영은 내가 나에게 던지는 고백이자 하소연이고, 휴식이자 위로다. 그리고 무엇보다 느낌표!

펀딩에 참여하신 분들

장예지	손주영	신지현	이은혜	황용훈
윤수영	장화춘	박루하	전정대	이용상
김용현	강경민	이인규	이윤미	양민철
신경아	홍성한	강윤영	정승훈	이명랑
유진희	박혜림	변수영	김태일	박영득
김민정	한영란	김나래	지호일	김지방
권지선	K	윤정호	김혜지	조민영
김경희	황선희	김정열	김정주	김영범
김승만	오유빈	정영	김영근	강민희
김명진	최수연	김정규	권남영	권기석
양현철	김미성	심미숙	심희정	노인옥
김호정	이우경	김문희	김영경	최영만
이수령	이경원	이은주	김윤애	임혜란
김선영	김재은	임유미	장욱진	오진이
서유경	신혜정	이상호	김미선	김승훈
박시인	장태성	조소연	김혜원	
조현철	김현권	이지은	곽도우	

수영이 나에게
인생은 짧고 수영은 길다

초판 1쇄 발행 2025년 9월 1일
지은이 김찬희
펴낸이 안지선

편집 신정진
디자인 다미엘
마케팅 타인의취향 김경민, 김나영, 강지민
경영지원 강미연

펴낸곳 (주)몽스북
출판등록 2018년 10월 22일 제2018-000212호
주소 서울시 강남구 학동로4길15 724
이메일 monsbook33@gmail.com

ⓒ 김찬희, 2025
이 책 내용의 전부 또는 일부를 재사용하려면
출판사와 저자 양측의 서면 동의를 얻어야 합니다.
ISBN 979-11-992299-6-9 02810

mons
(주)몽스북은 생활 철학, 미식, 환경, 디자인, 리빙 등 일상의 의미와
라이프스타일의 가치를 담은 창작물을 소개합니다.